共享发展理念视域下的
分配公平研究

Research on Distribution Equity under
the Perspective of Shared Development Concept

任瑞姣 ◎ 著

人民出版社

目　录

绪　言

　　"共享是中国特色社会主义的本质要求。必须坚持发展为了人民、发展依靠人民、发展成果由人民共享,作出更有效的制度安排,使全体人民在共建共享发展中有更多获得感,增强发展动力,增进人民团结,朝着共同富裕方向稳步前进。"①共享发展理念是在我国经济社会发展进入新常态,决胜全面建成小康社会的时代背景下提出的,在理论实质上共享发展理念体现了"新常态"下转变经济增长速度,提升经济发展质量和效益,促进发展成果惠及全体人民的发展要求。建党百年来,我国经济社会发展取得了举世瞩目的发展成就,但同时经济发展仍面临着不平衡和不充分的问题,党的十九大指出:"中国特色社会主义进入新时代,我国社会主要矛盾已经转化为人民日益增长的美好生活需要和不平衡不充分的发展之间的矛盾。"②实现分配公平是对我国收入分配领域"不平衡不充分"发展现状的反映,更是对我国分配领域改革经验

---

　　① 中共中央文献研究室:《十八大以来重要文献选编》中,中央文献出版社 2016 年版,第793 页。

　　② 习近平:《决胜全面建成小康社会　夺取新时代中国特色社会主义伟大胜利——在中国共产党第十九次全国代表大会上的报告》,人民出版社 2017 年版,第 11 页。

的总结与提炼。我国分配制度改革经历了从打破平均主义向注重效率进而向更加注重分配公平转变的"二次否定"过程,当前在坚持以人民为中心、推动实现共同富裕的过程中,社会分配公平问题更加凸显。共享发展理念视域下的分配公平是中国特色社会主义分配公平的当前实现形式,这一实现形式既为落实共享发展理念提供了现实动力,也为促进分配公平提供了理念指引和逻辑方法,从而有助于实现发展成果由全民共建共享和落实以人民为中心的发展思想。

一、共享发展理念引领实现分配公平的重要意义

共享发展是引领社会经济发展和指导社会民生建设的重要理念,集中体现了以人民为中心的发展思想。分配公平是社会民生建设的根本内容和基础方面,关涉全体居民的生活水平和生活状态。在新的时代背景下,坚持以共享发展理念为引领,促进实现分配公平是化解社会主要矛盾,平衡以经济建设为中心和以人民为中心以及实现共同富裕的重要路径选择。在落实共享发展理念的时代背景下推动实现分配公平,既有助于促进分配公平理论的深化发展,解决分配公平的现实问题,也有助于落实共享发展理念,推动实现全民共建共享,因而具有重要的理论意义和现实意义。

第一,有助于延续马克思在分配公平问题上总体性的研究维度。古希腊时期亚里士多德(Aristotle)以德性为基础探讨了分配公正问题,分配主要涉及对财富、荣誉、权利等有价值的东西的分配,其对分配公平的考察以应得为基础,公正在于保持平等的比例关系。古典政治经济学立足自利"经济人"的假设,形成了以维护

社会公共秩序为基础的交易正义和分配正义的公平理论。古希腊和古典时期在社会总体德性和个体理性基础上侧重于从数量关系平等来界定社会分配公平问题。西方政治哲学在既有的社会制度框架内从实现社会自由平等权利以及共享机会公平的角度分析分配的形式平等。马克思则立足社会生产方式,从资本批判和人的解放与发展视角分析分配公平问题上的实质平等。在现代性逻辑全面展开和社会矛盾日趋复杂的当代社会,打破单向度的研究维度,构建总体性视域下的分配公平理论,既是推动分配公平再研究的重要方向,也是对马克思关于分配公平问题研究维度的延续。

第二,有助于深化面向现实实践的分配公平理论的解释力。共享发展理念是新发展理念的落脚点,为实现分配公平提供了价值选择和逻辑方法。分配公平与社会生产和人的发展紧密相连,在落实共享发展理念的时代背景下实现分配公平被赋予新的理论内涵和历史使命。共享发展理念视域下的分配公平理论既要体现社会主义社会的性质和生产力发展水平的客观要求,也要体现社会主义初级阶段以人民为中心的发展思想和人民需求的新特点、新变化,更要在分配过程中处理好效率与公平、过程与结果、需求与供给、贡献与应得等方面的关系,以达到促进社会生产力发展和人民生活水平提高的目的。因此,以共享发展理念为指导,面向共享发展和分配公平的现实实践,不断拓宽深化分配公平理论的研究视域,有助于增强这一理论的现实解释力。

第三,有助于为落实共享发展理念提供现实路径。共享发展关涉人民福祉和社会民生建设的方方面面,收入分配是社会民生中最根本、最基础的内容,事关每个人的生存和发展状态,但在分配领域落实共享发展理念面临多重挑战。在分配原则方面,按劳分配、按生产要素分配和劳动价值论所面临的现实挑战制约体现共享;在分配机制方面,收入增长机制与同步共享、要素收益分配与合理共享、公共益品享有与均等共享之间存在的张力制约实现共建共享;在分配结果方面,城乡之间、区域之间和居民内部的收入差距制约实现全民共享。这些挑战都不利于在社会分配领域实现全民共享、增强人民的精神获得感,因而研究共享发展理念视域下的分配公平问题将为在分配领域落实共享发展理念提供现实路径。

第四,有助于推动化解社会收入分配领域的矛盾和问题。分配公平既符合社会主义本质的内在要求,也符合我国经济社会发展的现实需要。党的十五大确立了"按劳分配为主体、多种分配方式并存的制度",①在这一分配制度下,我国经济社会发展取得了举世瞩目的发展成就,实现了从站起来、富起来到强起来的历史性飞跃,中国特色社会主义进入了新时代,人民生活水平得到较大程度的提高。但当前分配原则不完善,分配机制不健全,分配结果面临收入差距过大的问题,分配不公在一定范围内存在,这些挑战的存在不利于实现社会公平正义和全体人民共享发展成果的发展目的,不利于充分调动全体社会成员参与社会主义建设事业的积极性主动性创造性,因而当前在落实共享发展理念的时代背景下,研究这一视域下的分配公平理论将为解决收入分配领域的矛盾提供有益启示。

---

① 江泽民:《高举邓小平理论伟大旗帜 把建设有中国特色社会主义事业全面推向二十一世纪——在中国共产党第十五次全国代表大会上的报告》,人民出版社 1997 年版,第 26 页。

二、共享发展理念的理论内涵

新发展理念是在世界经济复苏形势低迷、我国经济发展进入新常态的时代背景下提出的,包括创新、协调、绿色、开放、共享五个方面,"创新注重的是解决发展动力问题,协调注重的是解决发展不平衡问题,绿色注重的是解决人与自然和谐问题,开放注重的是解决发展内外联动问题,共享注重的是解决社会公平正义问题"①。共享发展是新发展理念的落脚点和归宿,体现了以人民为中心的发展思想,彰显了社会主义本质的内在要求。

第一,共享发展理念内涵的界定。《习近平总书记系列重要讲话读本(2016年版)》中把共享发展理念的内涵界定为"全民共享、全面共享、共建共享、渐进共享"四个方面②,不同学者围绕这一界定对共享发展理念的内涵做进一步解读和深化研究。有学者认为,共享的主体旨向需要全民共享、客体内容需要全面共享、实现路径需要共建共享、推进过程需要渐进共享。③ 有学者认为,共享的主体是全体人民,共享的前提是更多更好的物质财富,共享的保障是社会主义基本经济制度,共享的范围涉及经济、政治、文化、社会、生态的各个方面,共享的目标是实现共同富裕。④ 还有学者从政治哲学的角度对共享发展理念所包含的多重内涵进行深入解读,认为共享发展的核心理念包括权利理念、以人民为中心的理

① 何毅亭:《以习近平同志为核心的党中央治国理政新理念新思想新战略》,人民出版社2017年版,第67页。

② 《习近平总书记系列重要讲话读本(2016年版)》,人民出版社2016年版,第136页。

③ 柳礼泉、汤素娥:《论共享发展理念的丰富内涵和实现理路》,《思想理论教育导刊》2016年第8期。

④ 蒋茜:《论共享发展的重大意义、科学内涵和实现途径》,《求实》2016年第10期。

念、共建理念和公正理念。① 这些不同视角的研究为理解和把握共享发展理念的多重内涵及其历史方位奠定了理论基础。

基于对共享发展理念的内涵界定,对共享发展理念内涵的理解具体分为四个方面。从主体来看,共享发展是全民共享,与资本主义条件下生产资料和社会产品由少数群体所占有和享有之间存在本质的区别,体现了社会主义制度的优越性。从内容来看,共享发展是全面共享,包括政治、经济、文化、社会、生态的各个方面,体现了人民对美好生活的现实需求。从实现途径来看,共享发展是共建共享,体现了社会主义条件下发展生产力与变革生产关系的有机统一。从推进过程来看,共享发展是渐进共享,体现了过程与结果、内容与方法的有机统一。本书把共享发展理念作为实现分配公平的理念指引和方法指导,是以全体人民作为共享的主体,以实现社会公平正义作为共享的具体内容,以全民参与共建为实现分配公平提供必要的物质基础,同时由于现阶段生产力发展水平的限制,程序正义和结果公平之间存在张力,因而在我国落实共享发展理念、实现分配公平的过程呈现出渐进性和阶段性特征。

第二,共享发展理念的现实价值。共享发展理念作为对马克思主义发展理念的传承与发展,具有丰富的理论价值。一方面,共享发展以实现人民福祉为根本目的,以依靠人民为根本动力,以实现共同富裕为根本目标,"贯穿着以人民为中心的发展理念""蕴含着公平正义的价值取向""体现了对人的全面发展的终极追求"②。

---

① 苗瑞丹、代俊远:《共享发展的理论内涵与实践路径探究》,《思想教育研究》2017 年第 3 期。

② 赵汇、代贤萍:《共享发展的理论基础、实践追求和价值旨归》,《思想教育研究》2016 年第 11 期。

另一方面,在人类社会发展的历史进程中共享发展理念体现了鲜明的理论超越性,共享发展在本质上体现了对马克思批判的资本逻辑下劳动异化的现实超越,是自由劳动对异化劳动的超越,是生产资料集体占有对生产资料私有制的超越,是共同富裕对两极分化的超越。① 共享发展理念是在总结我国实践经验基础上提出的新理念,在现实社会中具有重要的实践价值和方法论价值。从体现社会性质来看,共享发展是在放大公有制"主体"功能的基础上,缩小收入差距,消除两极分化,实现共同富裕。② 从方法论上来看,共享发展是"两点论"与"重点论"的兼顾、是连续性与阶段性统一的渐进过程、是平衡性与不平衡性统一的共同富裕、是目的与手段统一的共建共享。③

第三,共享发展理念的落实机制。共享发展理念既指导发展也惠及民生,因而要在社会主义改革实践中加以贯彻落实,虽然共享发展涉及社会的方方面面,但经济方面是最为根本的部分,所有制和分配制度是社会经济的核心内容。从落实共享发展理念的政策措施来看,基础型共享要发展生产力和公有制经济、民主型共享要发展社会主义实然民主、公平型共享要改革收入分配不合理现状、奉献型共享要发展慈善事业和志愿服务事业。④ 从完善共享发展理念的制度和机制来看,完善共享的制度设计要改革所有制,丰富共享的物质基础要发展生产力和推动人民共创,完善共享的

---

① 罗克全、王洋洋:《共享发展对劳动异化的现实超越》,《江淮论坛》2019年第2期。

② 杨承训、李怡静:《共享发展:消除两极分化,实现共同富裕》,《思想理论教育导刊》2016年第3期。

③ 董振华:《共享发展理念的马克思主义世界观方法论探析》,《哲学研究》2016年第6期。

④ 郭建、申莎莎:《实现共享发展的四个层次》,《思想理论教育导刊》2016年第8期。

实现机制要改革分配制度。① 从落实共享发展理念的方法来看，由于共享发展涉及的范围较广，依靠单一的机制和方法都难以真正得到落实，因此要以联动思维推动共享发展理念的落实，要推动共建与共享联动、公平与效率联动、共享与发展联动、民生与公正联动。②

三、分配公平的理论演进

一定性质的分配关系是对一定社会形态下的生产关系和一定历史阶段社会发展目的的反映。分配公平既是对社会生产关系和分配关系的准确反映，也是对社会财富分配过程与结果合理与否的价值判断，因而是具体的、历史的。基于对分配公平理论演进维度的分析，有助于透过历史脉络把握其研究的规律和特点，把握不同时代背景下分配公平理论的研究范式和研究重点，从而为共享发展理念视域下分配公平的理论阐释提供理论支撑与借鉴。

1. 新中国成立后分配公平理论研究的演进过程

新中国成立到 1978 年改革开放以前，分配体制一直围绕着"按劳分配"这一原则展开，受计划经济体制的影响，"按劳分配实质上是单一型的略有差别的平均分配"③。这一时期对按劳分配问题的研究侧重于两个方面：

一是对"产品经济型"按劳分配理论的研究。这一研究主要

---

① 刘洋：《超越"群享"与"私享"：马克思的共享思想及其当代价值》，《教学与研究》2017年第 7 期。

② 何影、韩致宁：《基于联动思维的共享发展理念与实现机制》，《行政论坛》2017 年第 6 期。

③ 刘伟：《中国改革大趋势》，人民出版社 2018 年版，第 121 页。

是对计划经济条件下的按劳分配原则的认识,初步把按劳分配与商品经济相联系,但尚未上升到国家战略层面。有学者认为,按劳分配中的等量劳动相交换既不能和等价交换完全等同,也不是完全对立,等量劳动相交换分为直接的劳动交换、按劳分配中的等量劳动交换和商品价值关系中的等量劳动相交换,最复杂的是全民所有制中以货币为媒介的劳动交换,其分为劳动—工资、工资—消费品两个过程,考虑到第一环节中劳动是经过还原后的劳动,"除了生产资料的差别在不影响劳动差别的限度内不影响劳动者的收入这一点外,按劳分配中的等量劳动交换与价值关系中的等量劳动交换,在各方面都是相同的"①。还有学者认为,按劳分配是按照劳动者当前的劳动而不是过去的劳动进行分配,并且是按照劳动的流动形态而不是物化形态和潜在形态进行分配,衡量劳动量的尺度是劳动时间,但同时还存在复杂劳动换算为简单劳动的问题。② 这些研究为分析商品经济条件下的按劳分配奠定了理论基础。

二是在"按劳分配"理论上的"拨乱反正"。这一时期主要是批判"四人帮"对按劳分配的错误观点,肯定按劳分配原则的社会主义本质特征及其作用。有学者认为,按劳分配是对剥削制度的否定,不是剥削赖以产生的基础,虽然按劳分配会形成分配差别,但这种差别是劳动者内部的差别不是阶级差别,更不会成为形成资产阶级的条件,公有制条件下的分配关系和私有制条件下的分

---

① 上海市劳动局办公室资料组:《建国以来按劳分配论文选》上,上海人民出版社 1978 年版,第 342 页。

② 上海市劳动局办公室资料组:《建国以来按劳分配论文选》下,上海人民出版社 1978 年版,第 374—386 页。

配关系虽然有某些方面的相同之处,但存在根本性质的区别。①还有学者认为"按劳分配不但不产生资本主义和资产阶级,而且是最终消灭资本主义和资产阶级的必由之路"②。这些研究对巩固按劳分配原则在社会主义社会中的地位具有重要意义。

1978 年党的十一届三中全会提出将党的工作重点转移到经济建设上之后到 1992 年党的十四大召开之前,在邓小平"先富带动后富"的经济思想影响下,农村实行家庭联产承包责任制,城市在公有制经济之外出现了多种所有制经济,因而在分配方式上确立了"按劳分配为主体、其他分配方式为补充"的分配原则③,这一时期学术界的研究内容主要包括:

一是深化对按劳分配原则的认识。在继续深入探讨社会主义条件下按劳分配的本质特征的同时,这一时期开始尝试探讨与社会主义商品经济相结合的按劳分配原则。有学者认为,货币工资是社会主义初级阶段按劳分配的间接实现形式,它既不是劳动的价值,也不是劳动力的价值,而是工人提供的劳动量所能分得的消费品价值的体现。④ 还有学者认为"在现阶段的经济实践中,不仅要区分按劳分配收入和非按劳分配收入,也不仅要区分劳动收入和非劳动收入,还要特别注意区分合法收入和非法收入"⑤。这些研究为形成对商品经济条件下按劳分配原则的正确认识奠定了

① 三联书店编辑部编:《关于按劳分配问题——经济学界 1977 年三次讨论会发言汇编》,生活·读书·新知三联书店 1978 年版,第 292—302 页。

② 于光远:《政治经济学社会主义部分探索》(二),人民出版社 1981 年版,第 108 页。

③ 中共中央文献研究室:《十三大以来重要文献选编》中,人民出版社 1991 年版,第 1378 页。

④ 中国政治经济学社会主义部分研究会学术组:《关于按劳分配问题——全国第五次按劳分配理论讨论会论文选编》,人民出版社 1984 年版,第 74—78 页。

⑤ 王梦奎:《社会主义初级阶段的经济》,人民出版社 1988 年版,第 97 页。

基础。

二是对社会分配中出现的平均主义和分配不公问题进行分析。由于在经济体制上坚持计划与市场相结合，分配方式上以按劳分配为主体、其他分配方式为补充，因此分配结果上出现了平均主义和分配不公同时并存的现象。有学者认为，一方面"在国家机关、事业单位和全民所有制企业中靠工资收入的职工，平均主义的现象仍然存在，有些地方和部门还有发展"[1]；另一方面"在广大靠工资收入的职工、干部、知识分子，同许多非生产领域之间，同某些从事'第二职业'者之间，特别是同私营企业主和部分个体劳动者之间的收入差距过大"[2]。还有学者认为，社会主义条件下同时存在商品经济等价交换的分配原则和公有制经济等量劳动相交换的分配原则，二者在一定限度内能够起到相互促进的积极作用，但同时也存在矛盾，等价交换原则会破坏等量劳动相交换的分配原则，因此要采取措施协调这一矛盾，"第一，承认差别而防止差别扩大化；第二，允许并调节非劳动因素参与分配"[3]。这些研究对把握我国收入差距的历史成因和动态发展具有重要的意义。

1992 年党的十四大确立社会主义市场经济体制到 2002 年党的十六大召开之前，我国确立了社会主义市场经济体制，并建立了与市场经济体制相适应的分配制度，"效率优先、兼顾公平"成为这一历史时期的分配原则，同时实行了按劳分配与按生产要素分配相结合的分配政策，这一历史时期学术界对分配公平问题的研究主要集中在以下几个方面：

---

① 高尚全：《中国的经济体制改革》，人民出版社 1991 年版，第 158 页。
② 高尚全：《中国的经济体制改革》，人民出版社 1991 年版，第 159 页。
③ 魏杰、林亚琳：《建立公有制商品经济体制》，东方出版社 1992 年版，第 94 页。

　　一是由对社会主义市场经济条件下按劳分配与按要素分配相结合的认识延伸至对马克思劳动价值论的讨论。伴随第三产业和按要素分配的兴起与发展,知识、技术、管理等要素在社会生产过程中的作用日益凸显,学术界对实行按生产要素分配产生了广泛的争论,并且这一争论延伸到对劳动价值论的讨论。有观点认为,由多种所有制形式所决定,社会主义初级阶段要实行按生产要素贡献进行分配的分配原则,即按照各种生产要素包括劳动在财富创造过程中实际所作出的贡献大小进行分配[①],这种观点在实质上是对劳动价值论的否定,因此引发了学术界对这一问题的广泛争论。在此基础上,有观点进一步指出,按生产要素分配以及知识、技术等与价值的关系都可以在对价值形成与价值创造的区分中得到合理说明,对劳动价值论的争论实质上是对马克思的价值理论关注不够,没有区分价值形成理论和价值创造理论。[②] 对管理和技术等因素在价值创造中的作用,有研究认为在现代科学技术和分工协作不断发展的背景下,对管理劳动和科学技术是否创造价值问题的理解可以参照马克思对"总体工人"的界定,只要管理、技术等劳动是融入总体工人的劳动之中就是创造价值的劳动,但"必须区分科学技术人员的劳动创造价值和科学技术创造价值两个不同的方面"[③]。这些研究为下一阶段关于按劳分配和按生产要素贡献参与分配的讨论奠定了理论基础。

---

　　① 谷书堂、蔡继明:《按贡献分配是社会主义初级阶段的分配原则》,《经济学家》1989 年第 2 期。

　　② 逄锦聚:《关于价值论、劳动价值论与分配理论的一些思考》,《南开经济研究》2001 年第 5 期。

　　③ 顾海良、张雷声:《马克思劳动价值论的历史与现实》,人民出版社 2002 年版,第 219 页。

二是对效率与公平关系的认识。邓小平在南方谈话中发表了一些对社会主义条件下公平和效率关系的精辟见解，这些认识引导我国的分配政策从公平转向效率，但在效率提升的同时，也出现了收入差距的扩大，因此对效率和公平关系的认识又转入"效率优先、兼顾公平"的新阶段。有学者认为，这一阶段社会主义市场经济条件下我国收入分配制度改革的指导性思想是"在重视效率的前提下，兼顾公平与效率""突出效率对公平的决定作用，是具有中国特色的社会主义分配制度的鲜明特点"，市场的竞争机制是推动效率的动力，而实现共同富裕则是社会主义的持有公平。[①]还有学者把收入分配过程分为微观层次和宏观层次，认为微观层次的收入分配过程依照效率原则来进行，宏观层次的收入调节过程依照公平原则来进行，效率和公平的协调关键在于再分配能否被限制在合理的范围内。[②]

三是对经济体制转型下的收入差距过大问题的分析。由于经济体制转型和腐败问题的滋生，社会收入差距日渐扩大，这成为研究的热点。有研究以实证研究和经验分析相结合的方法指出这一时期全国存在较大的收入差距，并且收入差距处于上升趋势，具体体现为城乡之间、农村内部、城镇内部、地区之间存在收入差距，这在经济发展方面与非国有经济和非农经济的发展以及财产的积累有关，在经济改革方面与企业改革、劳动力流动、灵活的工资体制、人力资本收益率以及住房改革有关，在经济政策方面与农副产品价格、税收政策的收入分配效应有关。[③] 还有学者认为，伴随居民

---

① 董正平：《对公平与效率问题的回顾与思考》，《当代经济研究》1998 年第 5 期。
② 陈享光：《建立效率优先、兼顾公平的双层收入分配制度》，《教学与研究》1999 年第 1 期。
③ 李实、赵人伟：《中国居民收入分配再研究》，《经济研究》1999 年第 4 期。

收入的普遍增加,城乡、地区、行业及其内部的收入差距不断扩大,政府事业单位内部平均主义严重,造成这一差距的原因主要包括居民收入来源论、倒"U"形曲线及其"阶梯型变异"论、二元经济结构论、政策和制度因素论、市场体制和管理缺陷论等。[①] 这些研究对分析在分配领域落实共享发展理念的现实挑战具有重要的指导意义。

2002 年党的十六大以来,社会主义市场经济体制和社会分配制度日趋完善,党的十六大报告确立"劳动、资本、技术和管理等生产要素按贡献参与分配的原则,完善按劳分配为主体、多种分配方式并存的分配制度"[②],但同时社会收入差距问题日益凸显,在构建和谐社会、实现发展成果由人民共享的时代背景下,分配公平问题备受重视,"效率优先,兼顾公平"的提法发生了转变,党的十七大报告更进一步指出:"初次分配和再分配都要处理好效率和公平的关系,再分配更加注重公平。"[③]党的十八大报告坚持了这一提法。这一时期学术界主要围绕以下几个方面展开研究:

一是对按生产要素贡献参与分配的不同认识。党的十六大提出了实行按生产要素贡献参与分配的原则,这一原则的确立引发学术界再次广泛的争论,主要是对按生产要素分配的依据和贡献的界定的争论,并延伸到对财富创造和价值创造问题的讨论。劳动和社会保障部劳动工资研究所课题组认为劳动和其他生产要素

---

① 林幼平、张澍:《20 世纪 90 年代以来中国收入分配问题研究综述》,《经济评论》2001 年第 4 期。

② 中共中央文献研究室:《十六大以来重要文献选编》上,中央文献出版社 2005 年版,第 21 页。

③ 胡锦涛:《高举中国特色社会主义伟大旗帜 为夺取全面建设小康社会新胜利而奋斗——在中国共产党第十七次全国代表大会上的报告》,人民出版社 2007 年版,第 39 页。

共同创造价值和财富。除了劳动之外的其他生产要素不创造价值的观点应予以突破，各生产要素在价值和使用价值创造过程中所做的贡献是不一样的，应根据其贡献的大小在产权收益外再获得一份创值报酬。① 但也有学者认为劳动是价值的源泉，但劳动并不是财富或使用价值的唯一源泉，非劳动要素也并不能够算作财富的源泉，劳动和自然界才是财富的源泉，按生产要素贡献参与分配符合马克思劳动价值论的内容，所谓"贡献"是指非劳动生产要素在价值创造和财富创造中发挥了重要作用，但其本身并不创造价值。② 还有学者认为，财富包括使用价值形式上的物质财富和价值形式上的财富，按生产要素贡献参与分配的依据是要素所有权，并不是各生产要素在价值形成和财富形成中所做的贡献，活劳动是价值的唯一源泉，其他非劳动生产要素为实现劳动创造价值创造了条件，实行按生产要素贡献参与分配并不是对马克思劳动价值论的否定。③

二是对效率与公平关系的再认识。由于在中央文件中关于"效率"和"公平"的提法的变动，公平受到更多关注，因而关于如何处理效率和公平的关系受到学术界持续关注。有学者认为，用生产力发展基础上的效率和公平相统一代替"效率优先、兼顾公平"克服了把公平概念片面理解为结果公平、把效率建立在西方经济学的理论基础之上的局限性，公平本身既是目的也是手段，这

---

① 劳动和社会保障部劳动工资研究所课题组：《深化劳动价值和分配理论认识》，《经济日报》2002 年 3 月 18 日。
② 卫兴华：《我国现阶段收入分配制度若干问题辨析》，《宏观经济研究》2003 年第 12 期。
③ 逄锦聚：《论劳动价值论与生产要素按贡献参与分配》，《南开学报（哲学社会科学版）》2004 年第 5 期。

种新提法更加符合社会主义本质的要求。① 有学者认为,效率和
公平的统一不仅体现社会主义本质的生产力层面,也体现在生产
关系的层面,因而正确处理好二者的关系有助于社会主义本质的
实现。② 还有学者认为,收入差距过大主要是初次分配形成的,在
我国社会保障制度不健全的条件下,单纯依靠再分配很难实现缩
小收入差距的目的,更加重视公平在社会中的地位,并不意味着忽
视效率,而是把两者统一起来。③

  三是持续关注收入差距问题,注重对收入分配政策的研究。
社会主义市场经济体制建立之后,收入差距问题日趋突出,学术界
开始重视对分配政策的研究以缩小差距,防止"两极分化",促进
实现全民共建共享。有学者认为,改革开放以来经济发展和收入
分配关系经历了两个发展阶段:第一个阶段注重实现经济高速增
长,第二个阶段突出如何分配以构建和谐经济关系,化解社会矛
盾,改善民生。改善民生主要是通过政府的再分配手段来实现。④
有学者认为,当前我国收入差距在经历快速扩大之后进入了相对
稳定的历史时期,但一直以来存在的收入分配问题并没有解决,历
史和体制因素、垄断收入、社会保障制度分割、腐败等因素所造成
的收入分配差距问题仍然存在。提低、扩中、调高、消除利益阻挠
仍是未来收入分配制度改革的难点。⑤ 还有学者指出,党的十八
大以来我国收入分配改革取得了一些新经验,提出了"共享"发展

---

① 张宇:《"效率优先、兼顾公平"的提法需要调整》,《经济学动态》2005 年第 12 期。
② 张雷声:《从效率与公平统一的视角理解社会主义本质》,《学术界》2005 年第 4 期。
③ 卫兴华、张福军:《应重视十七大关于效率与公平关系的新观点》,《高校理论战线》
2008 年第 5 期。
④ 顾钰民:《改善民生与收入分配》,《高校理论战线》2012 年第 9 期。
⑤ 李实:《中国收入分配格局的变化与改革》,《北京工商大学学报(社会科学版)》2015
年第 4 期。

理念和"两个同步""两个提高"的改革目标,指出了收入分配制度改革的重点是要正确处理资本与劳动、城市与农村、政府与市场之间的关系。① 这些研究对把握共享发展理念视域下分配公平的现实挑战具有重要的指导意义。

党的十八大以来,习近平总书记提出了以人民为中心的发展思想和"创新、协调、绿色、开放、共享的新发展理念"②,围绕这一发展思想和发展理念,学术界对分配公平问题形成了新的不同认识,主要包括以下两个方面:

一是对共享发展与分配公平之间关系的认识。在这一问题上,目前学术界的研究成果侧重于分析共享发展作为新的发展理念对实现分配公平的价值引领和理论指导。有学者认为,共享发展回应了新时代我国社会发展不平衡不充分的现状,体现了社会主义初级阶段实现社会分配公平的内在要求。③ 有学者认为,共享发展是中国特色社会主义政治经济学分配理论创新的成果。④还有学者认为,共享是价值分配的当代形式,共享既是以公正为导向的分配理念,也是以共建为手段的发展理念,是分配理念和发展理念的统一,公正具有动态性,是具体的、历史的,因而公正与共享的统一是具体的历史的统一。⑤ 这些研究对把握共享发展理念的内涵及其对分配公平的理念指导具有重要意义,但在分配公平作

---

① 胡莹、郑礼肖:《十八大以来我国收入分配制度改革的新经验与新成就》,《马克思主义研究》2018 年第 2 期。

② 《中华人民共和国国民经济和社会发展第十三个五年规划纲要》,人民出版社 2016 年版,第 14 页。

③ 杨宏伟、张倩:《共享发展是新时代深化分配制度改革的目标指向》,《东北大学学报(社会科学版)》2018 年第 11 期。

④ 卫兴华:《中国特色社会主义政治经济学的分配理论创新》,《毛泽东邓小平理论研究》2017 年第 7 期。

⑤ 徐斌:《共享:实现公正的当代形式》,《马克思主义理论学科研究》2018 年第 1 期。

为推动落实共享发展理念的重要内容的相关研究方面有待进一步深化。

二是对共享发展理念视域下实现分配公平的路径探析。有学者从社会发展的战略高度展开研究,认为从社会成员的角度来看,要坚持平等的尺度,从社会目的的角度来看,要坚持共享的尺度,从社会劳动的角度来看,要坚持应得的尺度,在现有的生产方式下,三者中的任何一个都不能单独作为分配正义的标准,只有根据现阶段的具体实际把三种尺度相互结合形成整体性的结构关系才能成为分配正义的标准。① 有学者从分配方式和内容上展开研究,认为共享发展丰富了分配的方式和内容,在分配层次上使分配不仅局限于物质层面,而且包括机会和权利共享,在分配内容上,由产品分配扩展到要素资源分配,在分配方式上,不仅依靠宏观调节,而且关注人民需求,由"自上而下"向"自下而上"转变。② 还有学者从分配机制方面展开具体研究,认为参与性分享要求界定收入分配机制中的政府和市场,矫正型分享要求完善收入分配机制中的调节手段,补偿性分享要求完善收入分配机制中慈善组织的作用。③ 这些不同方面的研究为建构共享发展理念视域下分配公平的理论内涵、分析共享发展理念视域下实现分配公平的具体路径提供了理论启示和理论借鉴。

2. 西方分配公平理论的发展演进

西方分配公平理论的研究在经济学层面经历了从注重效率向

---

① 刘敬鲁:《论分配正义的结构整体标准》,《中国人民大学学报》2017 年第 3 期。

② 杨宏伟、张倩:《共享发展是新时代深化分配制度改革的目标指向》,《东北大学学报(社会科学版)》2018 年第 11 期。

③ 孙迎联:《收入分配机制:共享发展视野下的理论新思》,《理论与改革》2016 年第 5 期。

分配公平转变的发展趋势,在经济哲学层面经历了从"形而上"的德性向"形而下"的理性转变的发展趋势,在政治哲学层面经历了从德性到理性,从内在的理性向理性的外化——制度转变的发展趋势。同时,西方分配公平理论发展的过程也是实现其形式合理性的过程,但形式合理性和实质合理性之间始终存在张力和冲突。托马斯·皮凯蒂(Thomas Piketty,2014)《21世纪资本论》的问世更加凸显了当前分配公平在世界经济发展中的重要地位。

(1)以德性为基础的分配公平理论

亚里士多德首次提出了分配公正的概念,在其分配公正思想中,分配的对象是"荣誉、钱物或其他可析分的共同财富"①,分配的依据是美德,分配的原则是平等,平等在于成比例,这种比例指的是两个人的贡献、能力与其所得的分配份额的比例之间的相等或者不相等。阿奎那(Thomas Aquinas)接受了亚里士多德的公正概念,认为公正是一种德性,并把公正分为分配的公正和交换的公正,一个部分与另一个部分之间的秩序是交换公正,整体与部分之间的秩序是分配公正,分配公正是按比例分配共同财物,这种比例不是事物与事物之间的平等或相等,而是事物与人之间的成比例。

(2)以个体理性为基础关注社会分配的总体秩序和效率

第一,古典经济学的分配理论。亚当·斯密(Adam Smith,1776)分析了私有制条件下社会财富的分配问题,认为分工和私有制的条件下,商品的价格由工资、利润和地租三部分组成,劳动得工资,土地得地租,资本得利润,这就形成了社会的三个阶层。同时斯密把基于人的自利本性和社会同情机制作用下的商业交易

---

① [古希腊]亚里士多德:《尼各马可伦理学》,廖申白译,商务印书馆2003年版,第147页。

领域的公平竞争、自由交换看作正义,因而主张在抽象的法治概念基础上构建有利于自由竞争的社会秩序,政府的职责在于保护个人的自由权利和私有财产以促进公平竞争,并把自由竞争条件下形成的社会财富分配看作正义的分配。大卫·李嘉图(David Ricardo,1821)侧重于对商品价值量的分析,其从劳动价值论出发对市场竞争条件下工资、利润、地租及相互间的关系进行分析,"工资等于工人及其家属的生活资料的价值,利润等于商品价值超过工资的余额,地租是商品价值超过工资和利润的余额"①。而在征收赋税和对工人进行救济的问题上,其认为这不利于社会财富的增长,因而持反对态度。第二,新古典经济学的分配理论。阿尔弗雷德·马歇尔(Alfred Marshall,1890)继承并发展了古典经济学的三要素分配理论,把生产要素由"三要素"扩展为土地、劳动、资本和组织四要素,并提出了由市场供求关系决定的均衡价格理论。其把均衡价格理论运用到分配过程中,各个生产要素依据要素对生产贡献的大小获得相应的报酬,各要素的价格由均衡价格所决定,其分配理论包括工资理论、利息理论、利润理论和地租理论。约翰·贝茨·克拉克(John Bates Clark,1899)认为,收入分配受自然规律所控制,如果不受任何影响,在这种规律的作用下各种生产要素都能获得其所创造的财富。克拉克认为分配是在一般规律作用下静态分配和动态分配作用的结果,在分配中"边际效用规律"对分配的结果产生重要的影响。

(3)以"集体理性"和"政府理性"为基础关注分配公平

第一,福利经济学的分配理论。阿瑟·塞西尔·庇古(Arthur

---

① [英]彼罗·斯拉法:《大卫·李嘉图全集》第1卷,郭大力、王亚南译,商务印书馆2017年版,第xii页。

Cecil Pigou,1920)根据边际效用理论提出了两个检验社会经济福利的标准:国民所得总量和国民所得分配。在国民所得总量方面,如果穷人的国民所得未减少,总国民所得增加,在不发生其他情况的条件下,经济福利必然增加,并且当资源得到最优配置时,也即各要素的边际收益相等时,社会经济福利最大。在国民所得分配方面,等量收入对穷人的边际效用要大于富人,因而对穷人的补助和救济有助于增加经济福利。第二,凯恩斯主义的分配理论。约翰·梅纳德·凯恩斯(John Maynard Keynes,1935)在《就业、利息和货币通论》中指出:"我们所生活其中的经济社会,有两个显著的缺点:第一是不能提供充分就业;第二是财富和收入的分配不尽公平合理。"①依据对有效需求原理的分析,其指出劳动者收入水平偏低是有效需求不足和经济波动的根源,分配不公导致边际消费倾向过低,进而导致有效消费需求不足,因此,政府要采取适当干预措施调节消费倾向和投资倾向使之相互适应。保罗·萨缪尔森(Paul A.Samuelson,1948)认为发挥"看不见的手"的作用虽然能够极大提高效率,但会形成"达尔文式分配",产生分配不公平的问题,也即"市场失灵",因此其提出政府干预的具体政策主张。但和"市场失灵"一样,政府干预也会出现"政府失灵",因此要保持政府干预和计划的适度。

(4)关注制度建构中的自由平等权利的分配公平理论

约翰·罗尔斯(John Rawls,1971)坚持自由权利平等,其把社会结构或者是制度看作正义的核心,社会诸善是分配的对象,通过假定抽象的"原初状态"和"无知之幕",以确保实现人的原初权利

---

① 　[美]凯恩斯:《就业、利息和货币通论》,宋韵声译,华夏出版社2013年版,第287页。

平等,并在此基础上提出了分配正义的两个原则:平等原则和差别原则,差别原则允许社会不平等的存在,只要社会财富的分配能够符合最少受惠者的最大利益便符合社会对分配公平份额的要求。罗伯特·诺奇克(Robert Nozick,1974)坚持权利至上,反对罗尔斯自由平等的分配公平理论,其在正义问题上坚持持有的公正,认为只要获取、转让的程序是合法的,这种持有便是正义的,反对任何政府的再分配政策,认为这是对个人神圣权利的侵犯。迈克尔·沃尔泽(Michael Walser,1982)坚持"复合平等",其认为只要在每个领域对利益的分配实现了公平,并且某一个领域的分配结果不对其他领域产生影响,某个人或者群体在某一方面的获益不会使其占据优势,这便形成了分配公平,其分配公平的核心思想是要实现各领域相互独立的善,避免出现因不同领域价值优势之间的相互转化和交叉重叠造成不平等的分配结果。阿内逊(Richard J. Arneson,1989)坚持福利机遇平等,其在批判福利平等的基础上通过建构决策树以实现人们之间的福利机遇平等,但机遇平等忽略了个人能力在福利机遇平等中的重要地位,如果个人能力缺失,平等的福利机遇在实质上是不平等的。[①] 阿马蒂亚·森(Amartya Sen,1999)坚持可行能力平等,其认为福利平等的效用或者构成社会基本善的物品作为信息基础都有其自身的局限性,只有把实现人的实质自由——可行能力作为信息基础才具有合理性,才能准确测量出社会的平等或不平等程度,这就形成了其以人的可行能力为基础的平等观念,并且其认为可行能力平等比基于效用和物品的平等更加接近人的内在价值。罗纳德·德沃金(Ronald Myles

---

① Richard J. Arneson, "Equality and Equal Opportunity for Welfare", *Philosophical Studies*, Vol.56, 1989, pp.77-93.

Dworkin，2000)坚持资源平等，其在反对福利平等的基础上提出了资源平等的分配公平理论，这一理论通过构建竞拍模型和接受妒忌原则的检验，排除运气、初始条件等先天因素的差异对分配的影响，形成了基于人的选择、抱负、责任等因素的分配结果。

（5）现实层面凸显分配公平理论的重要价值

2008 年国际金融危机爆发之后，不平等成为新的全球化现象，这一现象引起了学术界的关注和热议。皮凯蒂在《21 世纪资本论》中集中研究了两个方面的主题：一是收入不平等和收入分配，二是财富分配和财富—收入之间的关系，资本收益率大于经济增长率是导致收入和财富不平等加剧的重要原因，对于发达国家的收入和财富分配不平等加剧的发展现状，皮凯蒂提出的解决方法是征收"全球累进资本税，配合非常高度的国际金融透明度"。①但大卫·哈维（David Harvey，2014）认为，资本收益率大于经济增长率并不是不平等的根源，不平等的根源是资本和劳动之间的不平等，是赤裸裸的阶级矛盾。

综上所述，西方分配公平理论的发展演进表明实现分配公平既是理论发展的客观趋势，也是现实社会发展的内在要求。近现代以来西方在分配问题上的研究成果从学科视角来看，侧重于经济学和政治哲学的分析，经济哲学方面的分析略显不足。经济学的分析在微观要素分配和宏观社会福利研究方面取得了丰硕的研究成果，为当下我国不断完善市场经济体制和国家宏观调控提供了理论经验启示。政治哲学的分析在以社会制度框架维护人的自由平等权利、构建分配社会诸善的正义程序方面具有较多的研究，

---

① ［法］皮凯蒂：《21 世纪资本论》，巴曙松等译，中信出版社 2014 年版，第 531 页。

为我国在坚持基本经济制度的条件下完善分配公平的程序设计提供了有益参考。但无论是经济学还是政治哲学的研究都是在西方社会制度和理性的范式框架下进行分析,缺少对分配关系本质的考察,因而形成的分配理念和分配方式具有鲜明的现实指向和问题导向,而缺乏关于分配公平问题的持续理念支撑和价值引领方面的研究。

四、公平、正义、平等的概念界定

公平的希腊语是 Nomos,源于分配(Nomo),指的是对社会利益和价值的分配,具体上来说是对社会的经济利益、政治利益和其他利益与价值在社会成员之间的合理分配,因而常常与权利平等、机会和规则公平以及结果公平合理联系在一起,强调客观性,与价值无涉,带有中性和工具色彩,侧重于实现尺度同一性和标准一致性基础上的同等对待。正义相比公平来说,是更高层次的理念与价值,既在上升层面诉求一个普遍主义的基础,又在下降层面转向社会分配领域的公平和法律层面的公正。正义与公平既在相同意义上结合起来使用,也在不同意义上分开来使用,而"只有正义在论及社会领域的利益与价值分配的条件下才与公平相通"①,因此我们常常把公平正义连起来用,表示在社会分配领域中实现了权利平等、机会公平、规则公平和结果合理的社会现状。与公平、正义相关的还有平等,就平等概念自身来说,平等具有实然状态和应然状态两个层面的含义,在实然状态上平等指的是两事物在属性、特征等方面的无差异,但由于不同的事物或人在较多方面存在差

---

① 郭台辉、王康:《概念比较:正义、公平、公正——政治哲学史的考察》,《天津行政学院学报》2013 年第 9 期。

异,因而实然范畴的平等只能在某个范围内才能实现。在应然状态上,平等指的是在某方面得到相同对待,从范围上来说,平等比正义的范围要小很多。马克思主义的平等观是一种总体性的平等观,是就实质和发展趋势而言的平等,不仅要求在经济领域实现,而且要求在社会领域实现,因而平等更多是关于人类社会的理想。

第一章 马克思的分配公平理论

　　马克思的分配公平理论既不同于古希腊时期基于德性的比例平等,也不同于当代西方政治哲学立足社会现实通过制度构建实现自由、权利、机会等共享的单向度的思维模式,而是在审视现代市民社会内在矛盾基础上的现实性与超越性的有机统一,在解构传统"形而上学"的基础上立足历史分析重构新的"形而上学"。马克思把对分配公平问题的分析建立在社会物质资料生产方式的基础之上,和生产关系的历史性一样,分配关系也具有历史暂时性,对应不同性质的生产关系将形成不同的分配关系和分配原则。立足这一理论前提,马克思对古典政治经济学和空想社会主义在分配公平问题上游离于社会生产关系和生产力发展水平之外进行了批判,其从资本主义社会的历史规定性出发,分析了这一社会形态下社会不平等产生的根源,并设想未来人类社会将在资本主义历史规定性充分展开的地方消除异化和不平等,进而实现每个人的自由全面发展。这一理论为形成共享发展理念视域下的分配公平理论提供了科学的理论指导。

第一节　批判空想抽象的分配公平理论

古典政治经济为马克思主义政治经济学的形成提供了重要的理论资源,但古典政治经济学具有其自身难以克服的缺陷和弊端,在发展过程中逐渐分化出两种不同的发展趋势:一种趋势是形成了以维护资本主义生产方式为特征的庸俗政治经济学,另一种趋势则是在批判古典政治经济学的基础上走向了社会主义,两种不同的理论在分配问题上都是把分配看作脱离社会生产的孤立环节,因而其分配公平理论具有非历史性、抽象性的显著特点,马克思对此进行了批判。

第一,对古典政治经济学分配公平理论的批判。古典政治经济学把分配仅仅看作对产品的分配,而不考虑社会生产关系对分配关系的制约,李嘉图甚至"把分配规定为经济学的对象,因为他们直觉地把分配形式看成是一定社会中的生产各要素借以得到确定的最确切的表现"[1]。在马克思看来,虽然"在单个的个人面前,分配自然表现为一种社会规律"[2],先于社会生产而存在,并且决定社会生产,"分配表现为产品的分配,因此它离开生产很远,似乎对生产是独立的"[3],但脱离生产过程孤立地分析社会产品或社会财富的分配是"肤浅的表象",在实际上,无论是分配的对象,还是分配与生产的关系,分配都不能脱离社会生产而孤立地存在。

---

① 《马克思恩格斯选集》第2卷,人民出版社2012年版,第695页。
② 《马克思恩格斯选集》第2卷,人民出版社2012年版,第695页。
③ 《马克思恩格斯选集》第2卷,人民出版社2012年版,第696页。

从分配的对象来看,分配不仅是对生产产品的分配,"在分配是产品的分配之前,它是(1)生产工具的分配,(2)社会成员在各类生产之间的分配(个人从属于一定的生产关系)——这是同一关系的进一步规定。这种分配包含在生产过程本身中并且决定生产的结构,产品的分配显然只是这种分配的结果"①。生产和分配是紧密相连的,脱离分配的生产是空洞的抽象,脱离生产的分配同样也是荒诞无稽的,产品和生产工具的分配都是由前一时期社会生产过程的结果所决定,因而在本质上属于生产自身内部的问题。从分配形式来看,土地、劳动、资本是在生产过程中出现的生产要素,与之相对应,在分配中则表现为工资、地租和利润,这三者存在的前提是土地、劳动、资本作为生产要素存在于生产过程中,工资作为分配的形式是以雇佣劳动制度的存在为前提,因此,马克思指出:"分配关系和分配方式只是表现为生产要素的背面""参与生产的一定方式决定分配的特殊形式,决定参与分配的形式"②,不仅分配的对象是生产的产物,一定社会性质下分配的形式也是由一定社会的生产方式所决定。因而像李嘉图那样把分配作为政治经济学的研究对象的经济学家,在分配问题上尽管其观点有值得借鉴的地方,但其关于社会分配的观点存在脱离社会生产的严重缺陷,把分配和生产分开来谈这是不切实际的幻想。

第二,对空想社会主义分配公平理论的批判。在社会分配问题上,一些空想社会主义的代表人物虽然认识到所有制在分配中的重要地位,认为资本主义生产资料私有制是分配非正义的重要根源,主张通过变革所有制结构的方式来促进社会分配更加公平

---

① 《马克思恩格斯选集》第 2 卷,人民出版社 2012 年版,第 696 页。
② 《马克思恩格斯选集》第 2 卷,人民出版社 2012 年版,第 695 页。

合理,但受客观条件的制约,其对所有制结构并不是从生产关系的角度而是从政治权利的角度进行分析,这种分析路径没有深入社会生产方式的根本,在分配公平问题上仍然持有保留生产资料私有制的观点,主张通过实现政治权利方面的平等来达到分配的公正合理,因而其难以形成实现所有制结构变革的正确路径。在未来社会的分配方式上,虽然空想社会主义者所提出的分配理论包含着按劳分配思想的萌芽,但由于其不能清楚地分析资本主义社会剥削制度的根源,因而这些分配理论具有较强的空想性。因此,马克思认为空想社会主义的思想观点是在无产阶级实现自身解放的物质条件还不具备的条件下出现的,他们只看到了阶级对立,没有看到社会运行的内在规律和无产阶级进行革命的主动性,因而其所提出的理论虽然包含着改变一切社会成员生活状况的目的,但却难以在实践中得到切实执行。

第三,对蒲鲁东所有权理论的批判。权利平等是蒲鲁东讨论所有权问题的理论出发点,在《人权宣言》中,所有权与自由权、平等权和安全权并列作为人的天然权利,但蒲鲁东认为所有权作为一种个人权利,本身是反社会的,因而与天然权利是相矛盾的。立足于地位平等和权利平等,蒲鲁东把所有权等同于盗窃,其认为在私有财产条件下,所有权的存在导致了社会贫困和政治上的不平等,权利平等是通过需要平等来实现的,在资源有限的条件下,权利平等只有通过占有的平等来实现,占有能够确保实现人与人之间的平等,而所有权却形成了人与人之间的不平等。虽然劳动常常被看作所有权产生的动因,所有的劳动者之间地位是平等的,劳动者对其生产物具有天然的所有权,因而工资平等是合乎公平正义要求的,但劳动是排斥所有权的,同时,土地和资本没有任何生产力,是通过占有权获取收益的,其不可能是收入的来源,因而依靠资本的占有权获取的收益是不合法的。但在马克思看来,蒲鲁东对私有财产和所有权的批判仍是在国民经济学的框架内进行,因而难以深入问题的本质,其错误的根源在于采取了政治经济学的形而上学的方法,其把平等看作先验的理性原则,"平等是**原始的意向、神秘的趋势、天命的目的**"①,因而其不能准确把握平等的实质与内涵,从这一抽象的先验原则出发对私有财产的批判难以深入问题的实质,从而在对劳动、工资、资本等问题的考察上,只是在纯粹的理性运动中寻找这些概念之间的联系,忽略社会生产关系的历史运动,因而无法揭示资本主义社会内在的矛盾和运行规律。

第四,对拉萨尔平等权利和公平分配概念的批判。拉萨尔派在德国工人党纲领中把劳动作为社会财富的源泉,并且认为有益的劳动只有在社会中才能实现,从而得出结论"劳动所得应当不折不扣和按照平等的权利属于社会一切成员"②,同时,其认为生产资料由资本家阶级垄断性占有是造成工人阶级贫困和受奴役的原因,因而劳动解放要在"把劳动资料提高为社会的公共财产"的基础上"公平分配劳动所得"。③ 权利平等和公平分配概念是拉萨尔对未来社会分配问题的理论设想,但这种设想在当时的历史背景下显然不切实际。马克思立足社会生产方式对拉萨尔设想的权利平等和公平分配设想逐一进行了批判,其认为即使在共产主义社会,由于第一阶段社会生产力水平尚不发达,平等权利实际上仍

---

① 《马克思恩格斯选集》第1卷,人民出版社2012年版,第230页。
② 《马克思恩格斯选集》第3卷,人民出版社2012年版,第357页。
③ 《马克思恩格斯选集》第3卷,人民出版社2012年版,第360页。

然是资产阶级权利,这种平等权利本质上是由社会经济结构所决定,在社会生产力尚未高度发达的条件下,平等权利对不同等的劳动者来说只能是不平等的权利。此外,由资产阶级法权概念调节的"公平的分配"在本质上是由经济关系和生产方式所决定,与不同社会历史阶段的生产关系相一致,而不是相反,由法的概念来调节社会的经济关系。

第二节　雇佣劳动制度是不平等的根源

与空想抽象的分配公平理论不同,马克思的分配公平理论立足资本主义的社会现实及其生产关系,在对这一制度进行历史性批判的同时揭示了社会不平等的根源。在资本主义社会,"资本的实质并不在于积累起来的劳动是替活劳动充当进行新生产的手段。它的实质在于活劳动是替积累起来的劳动充当保存并增加其交换价值的手段"①,资本代表一种特殊的社会生产关系,是以劳动力成为商品为前提,这一前提既成就了资本的内在规定性,同时也成为社会不平等的深刻根源。

现代雇佣劳动制度既创造了社会进行经济改造的"**物质条件和社会形式**"②,但也给工人带来了普遍贫困。在雇佣劳动制度下工资代表的是劳动力的价值或价格,工资和利润均来自劳动力新创造的价值,在资本数量和劳动力价值不变的前提下,利润和工资之间成反比变化,资本的份额——利润越增加,劳动的份额——工

---

① 《马克思恩格斯选集》第 1 卷,人民出版社 2012 年版,第 342 页。
② 《马克思恩格斯选集》第 2 卷,人民出版社 2012 年版,第 69 页。

资就越降低,在资本数量变化的条件下,由资本增加所带来的利润增长的速度和比例要快于由劳动生产力增长所带来的工资增长的速度和比例,而资本的快速增长使工人对资本的依附性越来越大,工人和资本家之间的社会鸿沟就越来越明显。此外,由资本规模增加和扩大所产生的资本家之间的激烈竞争将会产生新一轮的社会分工和改进生产机器,这将使劳动者的境况越来越糟,一方面,分工使工人的劳动越来越成为简单、乏味的重复劳动;另一方面,大型机器代替了部分劳动力的使用,使劳动力之间的竞争日趋激烈,相互排挤日益加剧,工资水平越来越低。综上所述,资本主义社会生产的规律表现出来的生产资本的快速增加并没有带来工人生活处境向更好的方向发展,而是向更差的处境发展。

现代雇佣劳动制度不仅给工人带来了普遍贫困,而且使工人处于异化的存在状态。首先,工人同自己生产的劳动产品之间相异化,劳动的对象化表现为对象的丧失和被对象奴役,这种"对象中的异化表现在:工人生产得越多,他能够消费的就越少;他创造的价值越多,他自己越没有价值、越低贱;工人的产品越完美,工人自己越畸形;工人创造的对象越文明,工人自己越野蛮;劳动越有力量,工人越无力;劳动越机巧,工人越愚笨,越成为自然界的奴隶"①。其次,工人劳动本身存在外化,在社会分工日益精细化和大工业流水作业下,工人的劳动不再是其自身能力的自由发挥,而是机器带动下的工人的被动劳作,工人的劳动过程表现为工人自身自由的丧失,劳动不再属于其自身,劳动者像逃避瘟疫一样逃避劳动,而只有在劳动之外工人才能获取人身自由,因而这种活动不

---

① 《马克思恩格斯选集》第 1 卷,人民出版社 2012 年版,第 52—53 页。

是他的自主活动,而是属于别人的活动。最后,人同自己的类本质相异化和人同人相异化,人与动物的区别在于人具有意识,正是这种意识的存在确证了人的类特性,这种类存在物使人能够在更广范围上把自然界当作人的无机的身体,并且人在自己的意识指导下,可以按照任何一种客观尺度和美的规律从事改造对象世界的活动以满足其自身的需要,自然界作为人的劳动的产物使人作为类存在物的本质得以确证,同时,人通过自身的生命活动不仅满足了人的需要,而且推动着人的不断发展。但由于异化劳动的存在使作为人的无机身体的自然界脱离人的控制,成为奴役人的对象,人的自由自主的活动成为维持人肉体生存的手段,这就使人同人相异化,当人同人相异化时,也就意味着人的劳动存在物不属于其自身,而是属于其自身之外的其他人,从而使人与他人处于一种对立状态,人的活动成为一种替他人服务、受他人支配和奴役的活动,正如马克思所描述的:"通过异化劳动,人不仅生产出他对作为异己的、敌对的力量的生产对象和生产行为的关系,而且还生产出他人对他的生产和他的产品的关系,以及他对这些他人的关系。"①

　　雇佣劳动制度的发展虽然形成了不平等的生产关系和分配关系,但也创造了消灭这一制度的社会条件。首先,资本主义生产方式的发展为消灭私有制和雇佣劳动制度准备了必要的物质条件。资本主义的财富占有方式形成了促进社会生产力发展的内在动力,在工业革命的助推之下,受利润的驱使,他们加工的原料来自世界不同地方,生产的产品远销世界不同国家,世界相互联系为一

---

① 《马克思恩格斯选集》第 1 卷,人民出版社 2012 年版,第 59—60 页。

个统一的有机整体,因而极大地推动了社会生产力的发展,正如马克思所说:"资产阶级在它的不到一百年的阶级统治中所创造的生产力,比过去一切世代创造的全部生产力还要多,还要大。"①但资本主义生产方式的发展难以克服其内在的社会矛盾,生产方式越发达,生产力与生产关系之间的矛盾表现得就越充分,因而从催熟社会矛盾的角度来看,生产力的发展为化解社会矛盾创造了必要的物质前提。其次,资本主义生产方式的发展为消灭私有制和雇佣劳动制度提供了必要的阶级基础。资本主义社会生产的发展使"无产阶级不仅人数增加了,而且结合成更大的集体"②,而工人阶级队伍的壮大并没有改善其在生产过程中受压迫、受剥削的社会地位,"现代的资产阶级私有制是建立在阶级对立上面、建立在一些人对另一些人的剥削上面的产品生产和占有的最后而又最完备的表现"③,资本家的致富是和工人阶级的赤贫紧密联系在一起的,在既有的占有方式下,无产阶级除了自身的劳动力之外,不占有任何生产资料,因而从阶级使命来说,只有消灭私有制和雇佣劳动制度才能为实现所有人的自由全面发展创造有利条件,从而为实现无产阶级和全人类解放奠定基础。

第三节　社会生产方式决定分配的原则

生产方式是马克思分配公平理论形成的基石,在《资本论》第

---

① 《马克思恩格斯选集》第1卷,人民出版社2012年版,第405页。
② 《马克思恩格斯选集》第1卷,人民出版社2012年版,第409页。
③ 《马克思恩格斯选集》第1卷,人民出版社2012年版,第414页。

三卷中,马克思指出,人们在交易过程中形成的以法律形式表现出来的契约关系的正义性是由社会生产方式所决定,"这些形式只是表示这个内容。这个内容,只要与生产方式相适应,相一致,就是正义的;只要与生产方式相矛盾,就是非正义的"①。立足社会生产方式马克思既揭示了人类社会的一般分配规律,同时也分析和设想了人类社会特定历史阶段的分配原则与分配方式,与资本主义生产关系相适应的是按资分配,超越这一生产关系的未来人类社会将实行按劳分配与按需分配的分配原则。

马克思批判"庸俗的社会主义仿效资产阶级经济学家(一部分民主派又仿效庸俗社会主义)把分配看成并解释成一种不依赖于生产方式的东西,从而把社会主义描写为主要是围绕着分配兜圈子"②,他认为社会生产结构决定社会分配结构,"就对象说,能分配的只是生产的成果,就形式说,参与生产的一定方式决定分配的特殊形式,决定参与分配的形式"③。虽然从表象上看,无论是在单个的个人面前还是就整个社会来看,分配似乎都先于生产,并且决定生产,但是马克思认为生产和分配的关系问题属于生产本身的内部问题,"生产实际上有它的条件和前提,这些条件和前提构成生产的要素。这些要素最初可能表现为自然发生的东西"④,"并且对于这一个时期表现为生产的自然前提,对于前一个时期就是生产的历史结果。它们在生产本身内部被不断地改变"⑤,"在所有的情况下,生产方式,不论是征服民族的,被征服民族的,

---

① 《马克思恩格斯文集》第7卷,人民出版社2009年版,第379页。
② 《马克思恩格斯选集》第3卷,人民出版社2012年版,第365—366页。
③ 《马克思恩格斯选集》第2卷,人民出版社2012年版,第695页。
④ 《马克思恩格斯选集》第2卷,人民出版社2012年版,第697页。
⑤ 《马克思恩格斯选集》第2卷,人民出版社2012年版,第697页。

还是两者混合形成的,总是决定新出现的分配。因此,虽然这种分配对于新的生产时期表现为前提,但它本身又是生产的产物,不仅是一般历史生产的产物,而且是一定历史生产的产物"①,而生产要素的这种分配方式也决定了相应的消费资料的分配方式,"消费资料的任何一种分配,都不过是生产条件本身分配的结果;而生产条件的分配,则表现生产方式本身的性质"②。

一定社会的分配关系是由社会生产方式的性质所决定,不同的社会形态下形成了不同的分配原则。和生产方式的特殊性与暂时性一样,社会生产关系也"具有一种独特的、历史的和暂时的性质"③,"分配关系本质上和这些生产关系是同一的,是生产关系的反面"④,生产关系的特殊性、历史性和暂时性决定了不同社会形态下将会实行不同的分配原则。与资本主义生产方式相适应,社会将实行按资分配的分配原则。资本主义生产方式下社会所生产的产品都是商品,甚至包括工人自己也是出售的商品,资本和雇佣劳动互为存在的前提,"资本只有同劳动力交换,只有引起雇佣劳动的产生,才能增加。雇佣工人的劳动力只有在它增加资本,使奴役它的那种权力加强时,才能和资本交换"⑤。雇佣劳动既生产着它的敌对力量——资本,同时又必须从它的敌对力量那里取得生活资料。资本家作为人格化的资本的代表与劳动者的利益直接对立,其凭借在生产中的支配地位获取了由雇佣劳动生产创造的追加财富,与此相对应,雇佣劳动在生产过程中仅以工资的形式获得

---

① 《马克思恩格斯选集》第 2 卷,人民出版社 2012 年版,第 697 页。
② 《马克思恩格斯选集》第 3 卷,人民出版社 2012 年版,第 365 页。
③ 《马克思恩格斯选集》第 2 卷,人民出版社 2012 年版,第 648 页。
④ 《马克思恩格斯选集》第 2 卷,人民出版社 2012 年版,第 648 页。
⑤ 《马克思恩格斯选集》第 1 卷,人民出版社 2012 年版,第 344 页。

其创造价值的一部分,这就形成了资本主义条件下工人得工资、资本得利润的按资分配的分配形式。

按劳分配是与共产主义第一阶段的社会生产方式相适应的分配原则。在共产主义第一阶段,生产资料公有制代替了生产资料私有制,资本和雇佣劳动的剥削关系被以社会资料由全体社会成员共同占有下的平等劳动所取代,劳动不必通过交换直接作为社会总劳动的组成部分,个人劳动不再表现为价值,社会中"除了个人的消费资料,没有任何东西可以转为个人的财产"①,商品经济不复存在,支配商品经济的价值规律也不再发挥作用,没有占有生产资料的人对一无所有的劳动者的支配和剥削,全体社会成员之间是平等的产品生产者和消费者,彼此之间既没有阶级差别,也不存在为了追求超额利润的相互竞争与施压,因而这时在社会总产品的分配上实行的是等量劳动相交换的分配原则,劳动成为分配的唯一尺度,多劳多得、少劳少得。但由于劳动者禀赋、劳动能力和家庭情况等的差异,按照权利平等原则进行的分配实际上是不平等的分配,而"这些弊病,在经过长久阵痛刚刚从资本主义社会产生出来的共产主义社会第一阶段,是不可避免的。权利决不能超出社会的经济结构以及由经济结构制约的社会的文化发展"②,社会的权利结构和分配结构本质上是由经济结构所决定,而经济结构则是社会生产方式在不同社会形态下的具体表现。

按需分配是与生产力比较发达的社会形态相适应的分配原则。在共产主义高级阶段,社会生产力高度发达,分工和由分工所产生的人的劳动活动与人的类本质的异化趋于消失,劳动不再是

---

① 《马克思恩格斯选集》第3卷,人民出版社2012年版,第363页。
② 《马克思恩格斯选集》第3卷,人民出版社2012年版,第364页。

为他人的活动和谋生的手段,而成为人的自由自主的活动和生活的第一需要。劳动者在生产活动中既确证着自身的存在,也实现着自身的不断发展,人的需要不断地被激发而变得日益全面和丰富。同时,在这一发展阶段,全体社会成员在实现自身解放的同时将各尽所能,共同从事生产活动,充分释放创造活力,因而社会物质财富和精神财富将得到极大丰富,这将为全体社会成员共同享有生活资料创造必要的物质前提,因而在这一阶段只有实行按需分配的分配原则才符合社会生产方式发展和人的自由全面发展的内在要求。

综上所述,从分配原则自身来看,生产方式的变革要求分配原则也相应地进行变革,并且分配原则的变革是同社会生产方式变革的方向相一致,在生产方式日益高级化的趋势下,分配原则也将从低级向高级阶段不断发展。等量劳动相交换的分配原则克服了资本主义分配方式的内在局限性,因而是对按资分配的超越,而在共产主义高级阶段所实行的按需分配将克服按劳分配只能实现形式平等的局限性,推动实现全体社会成员之间的实质平等。

第四节 致力于实现人的自由全面发展

马克思的分配公平理论在前提条件上与社会生产相联系,在价值目标上与人的自由全面发展相契合,这一价值目标最终将通过人们在生产过程中结成的交往关系与分配关系的相互作用得以实现。在分工和私有制的前提条件下,受制于异于主体的外部力量的影响,人的发展呈现出片面性,分配关系适应生产关系的性质和要求体现在社会中占统治地位的阶级的阶级利益。而在未来共产主义社会人们进行自主活动的偶然性的前提将"受联合起来的个人的支配"[①],人的活动成为人的有意识的自主活动,实现每一个人的自由全面发展成为人类活动目的本身,与这一前提和目的相一致,这时社会产品的分配方式也将体现和服务于实现人的自由全面发展的目标。

自由人的联合体是实现分配公平最高价值目标的重要载体。在人的依赖关系占统治地位的第一阶段,社会形态呈现出强共同体、弱个人的状态,劳动者、土地、劳动工具等作为共同体存在的前提条件,共同确证着劳动者的身份和劳动者相互之间的关系,人作为生产的目的,劳动者作为共同体的合法成员使用共同体的公有财产从事生产活动,满足共同的需要和荣誉,维持共同体的共同利益。在"以**物的**依赖性为基础的人的独立性"的第二阶段[②],社会形态呈现出弱共同体、强个人的状态,共同体不再以一种自然形成的形式出现,而表现为由劳动者生产出来的共同体,土地和劳动者不再是生产的自然条件,工具成为劳动的产物和个人进行劳动的手段,这时只有工人的劳动才是生产的条件,在这种共同体中,劳动与其客观条件相分离,资本和自由工人相对立,工人受资本的奴役和支配,工人不断地为资本家创造出补充工人本身存在和资本存在的双重条件,而自由工人的劳动在生产过程中不断地发生异化和对象化,因此马克思称这种共同体为虚假的共同体,这种共同体是一个阶级反对另外一个阶级的联合,在这种联合体中个人只是作为抽象化的个人隶属于共同体,对被统治阶级来说是完全虚

① 《马克思恩格斯选集》第 1 卷,人民出版社 2012 年版,第 202 页。
② 《马克思恩格斯文集》第 8 卷,人民出版社 2009 年版,第 52 页。

幻的共同体。而在"建立在个人全面发展和他们共同的、社会的生产能力成为从属于他们的社会财富这一基础上的自由个性"阶段①，建立在发达的社会生产力发展的基础之上，人的创造能力得到充分发挥，社会物质财富丰富到能够满足社会成员的极大需要，社会生产关系不再受异己的、支配人的力量制约，而是由社会成员所共同掌握，整个社会形成建立在发达生产力基础之上的各个人的自由联合，这种自由人的联合体也被称为真正的共同体，这种共同体为每个人的自由全面发展创造了有利条件。

分配关系的现实性与超越性将在自由人的联合体中得到有机统一。分配关系是生产关系的反面，与生产关系的历史性相一致，分配关系在其现实性上体现为这一关系的独特性、历史性和暂时性，其超越性则体现为分配关系最终将以实现人的自由全面发展为目标，这一目标既离不开分配关系的现实性，而又超越具体的、现实的分配关系。自由人的联合体是人从必然王国走向自由王国的过程，也是人成为自然界和人自身的自觉的和真正的主人的过程，在这一过程中异己的自然规律将被人们熟练运用，并受人支配，人们受客观规律制约的行动将变成人的自由自觉的行动。同时人们在一定的社会关系中从事着改造社会的实践活动，随着人对自然界客观规律的掌握和支配，人自身的社会结合将不再受自然界和历史的异己统治，而成为人的自觉的行动，人将成为人自身的社会结合的主人，并且自觉到人们自己创造自己的历史，"社会化的人，联合起来的生产者，将合理地调节他们和自然之间的物质变换，把它置于他们的共同控制之下，而不让它作为一种盲目的力

---

① 《马克思恩格斯文集》第 8 卷，人民出版社 2009 年版，第 52 页。

量来统治自己;靠消耗最小的力量,在最无愧于和最适合于他们的人类本性的条件下来进行这种物质变换"①,因此这时的共同体是以实现人的自由个性为目标,人将从异化状态和单向度的人中解放出来,实现"即**人的自我异化的积极的扬弃,因而是通过人并且为了人而对人的本质的真正占有**;因此,它是人向自身、也就是向**社会的**即合乎人性的人的复归,这种复归是完全的复归,是自觉实现并在以往发展的全部财富的范围内实现的复归"②,"是存在和本质、对象化和自我确证、自由和必然、个体和类之间的斗争的真正解决"③,这时的分配关系在其现实性和超越性上均体现为人与对象、人与自身、人与他人之间矛盾的真正解决,因而是现实性与超越性的有机统一。

在自由人的联合体中以人的自由劳动为基础的主体需要将成为分配公平的标准。马克思在批判资产阶级法权意义上的自由平等的基础上设想了人类未来社会的分配原则,在共产主义第一阶段将实行按劳分配,虽然按劳分配是对权利平等的超越,但按劳分配仍没有摆脱资产阶级的法权概念,实行按劳分配仍会导致分配结果的不平等,并且按劳分配建立在人的活动仍是其谋生手段的基础之上,人自身所从事的活动对人来说是一种异己的、敌对的力量,人按照一种外在于人自身需要的尺度从事改造客观世界的活动,这种活动使人丧失了自主性,导致了人自身的丧失,因而在未来社会将实行以人的自由劳动为基础的按需分配的分配原则。按需分配与各尽所能相联系,各尽所能即人摆脱了劳动是满足人的

---

① 《马克思恩格斯文集》第7卷,人民出版社2009年版,第928—929页。
② 《马克思恩格斯文集》第1卷,人民出版社2009年版,第185页。
③ 《马克思恩格斯文集》第1卷,人民出版社2009年版,第185页。

自然需要的手段的外在限制,实现了人自身活动的充分发展,也即人逐渐摆脱了异化劳动的束缚,而走向把劳动转化为自身自主活动的过程,与此同时,人的需要也不再表现为自然需要,而表现为一种"历史形成的需要"。

需要作为分配公平的标准本质上是要实现人的自由全面发展。未来共产主义社会高级阶段将实行按需分配的分配原则,需要作为分配公平的标准建立在物质财富极大丰富和人的自由劳动的基础之上,这一分配原则克服了按资分配和按劳分配的局限性,为实现人的自由全面发展奠定了基础。在马克思的理论中,需要表现为"历史形成的需要",这种"历史形成的需要"以资本的充分发展为前提,资本作为一种历史性的存在既生产了需要体系本身,也生产了克服异化劳动、实现人的自由个性和创造性的社会历史条件。资本在生产剩余劳动、实现价值增殖的同时,使快速增长的物质财富能够实现其自身的价值要有庞大的需要体系做支撑,其中最重要的是个体对自由劳动和发挥自身本质力量的需要,这种需要与人的自由个性和自我实现相联系,因而不是片面的,而是全面的需要,马克思在《资本论》中曾指出:"资本作为孜孜不倦地追求财富的一般形式的欲望,驱使劳动超过自己自然需要的界限,来为发展丰富的个性创造出物质要素,这种个性无论在生产上和消费上都是全面的,因而个性的劳动也不再表现为劳动,而表现为活动本身的充分发展"①。同时,资本的本性在于无止境地生产剩余价值,为了达到这一目的,其不断更新机器设备提高劳动生产率,进而使资本有机构成不断提高,这在客观上使更多的人从直接劳

---

① 《马克思恩格斯文集》第 8 卷,人民出版社 2009 年版,第 69 页。

动过程脱离出来成为机器体系的设计者和调控者,使简单的、程序化的劳动成为创造性的社会劳动,同时由于机器的使用和劳动生产力水平的提高,资本在其意志之外为劳动者创造了更多的自由时间,劳动者有更多的自由时间培养其能力体系,发挥其自身的各项技能,从而为实现人的自由全面发展创造了条件。

第二章　共享发展理念的价值意蕴
及其与分配公平的关系

　　"十三五"规划中提出"必须牢固树立和贯彻落实创新、协调、绿色、开放、共享的新发展理念"[①]，共享发展作为具有丰富价值意蕴的发展理念在其现实性上既具有深厚的理论积淀，又具有坚实的实践基础，符合社会主义制度的性质和内在要求，与新时代以人民为中心的发展思想和实现共同富裕的最终目标具有内在一致性，指明了我国经济社会未来发展的目标和方向。分配公平关涉全体社会成员的生存发展状况，既影响全体社会成员的实际生活水平，又影响社会公平正义的实现，更是落实共享发展理念的重要内容，在增进人民获得感方面发挥着重要作用，因而与共享发展理念有着深刻的内在联系。

---

　　① 《中华人民共和国国民经济和社会发展第十三个五年规划纲要》，人民出版社 2016 年版，第 14 页。

第一节　共享发展理念的形成基础

新发展理念是对中国特色社会主义发展理念的创新和发展，共享发展作为新发展理念的出发点和落脚点，是指导经济社会发展的重要理念，从其形成和发展的过程来看，这一理念不是凭空产生，而是建立在深厚的理论根源和实践基础之上的。共享发展是以马克思主义关于人类社会发展规律的理论为指导，在总结世界发展经验和我国社会主义建设成就与实践经验的基础上，为了推动我国经济社会持续健康发展而形成的新理念。

一、马克思人的发展理论蕴含共享

马克思关于人的发展的理论是在批判继承费尔巴哈人学理论的基础上形成的，马克思以"现实的人"取代费尔巴哈的"抽象的人"，以对非神圣世界的自我异化的批判取代对宗教神圣世界的非神圣化批判，形成了基于资本主义批判和共产主义理想的人的发展的理论，这一理论对扬弃人的自我异化，实现人的自由全面发展具有重要的现实意义。共享发展既与社会制度的性质和社会生产力发展水平相联系，也与主体自身的解放和发展密切相关，因而，批判人的自我异化，促进实现人的解放和自由全面发展，进而实现人的自由自主活动的过程也是推动实现全民共建共享的过程。

第一，对异化劳动的批判蕴含着全民共享的基本内涵。马克思在《1844 年经济学哲学手稿》中指出，私有财产条件下首先存在人的物的异化和人的自我异化现象,也即劳动产品和人的劳动活动的异化,同时存在人同其类本质和人与人的异化。虽然人不同于动物,人是具有意识的类存在物,人靠自然界获取直接的生活资料,并且人也从事着改造自然的活动,人把自然界变成人的无机身体,但在异化劳动的作用下,自然界和人的生命活动都同人相异化,因而也使人的类本质同人相异化,人的生命活动本身仅仅成为维持个人生活的手段。"人同自己的劳动产品、自己的生命活动、自己的类本质相异化的直接结果就是**人同人相异化**"①,人同人的异化则表现为"人对自身的任何关系,只有通过人对他人的关系才得到实现和表现"②,而这个他人"不是神也不是自然界,只有人自身才能成为统治人的异己力量"③。在异化条件下,工人的劳动产品不属于自己,而是属于"工人之外的他人",因而人与劳动对象的这种关系受一种异己的、敌对的、不依赖于他的对象的主宰,人的活动成为受他人支配、压迫和强制下的活动,也即私有财产和异化劳动的存在使由工人所创造的社会财富为非工人所占有和支配,社会财富的分配集中于少数资本家手中,工人阶级在生产过程中却愈发贫困。因此,马克思指出,现代私有制是建立在一些人对另一些人的剥削之上,只有消灭私有制,才能摆脱少数占有财产的人对其他人的奴役,在消灭私有制之后,人类将建立一个联合体,"在那里,每个人的自由发展是一切人的自由发展的条件"④,人将实现人与自然、人与人、人和自己类本质之间矛盾的真正解决,全体社会成员将共同占有生产资料,共同从事生产劳动,共同享有发

---

① 《马克思恩格斯选集》第1卷,人民出版社2012年版,第58页。
② 《马克思恩格斯选集》第1卷,人民出版社2012年版,第58页。
③ 《马克思恩格斯选集》第1卷,人民出版社2012年版,第59页。
④ 《马克思恩格斯选集》第1卷,人民出版社2012年版,第422页。

展成果,每一个个体的发展将与社会整体的发展实现有机统一。

第二,实现人的自由全面发展的思想奠定了全面共享的理论基础。在《1844年经济学哲学手稿》中马克思揭示了资本主义制度下人的异化存在方式,"异化劳动把自主活动、自由活动贬低为手段,也就把人的类生活变成维持人的肉体生存的手段"①,这种"类本质"的异化使人丧失了生命活动的目的和意义,其"实质就是使人的生命的目的下降为手段,而使手段上升为目的,从而使生命本质的意义全面丧失"②。但在人类社会发展进程中,这种异化存在只具有历史暂时性,随着社会生产力水平的提高和生产关系的变革,未来共产主义社会将"推翻一切旧的生产关系和交往关系的基础,并且第一次自觉地把一切自发形成的前提看做是前人的创造,消除这些前提的自发性,使这些前提受联合起来的个人的支配"③,这将为实现人的全面发展和全面共享奠定基础,只是由于这一历史过程与社会交往水平发展程度相联系,受生产力发展水平的制约,这一过程将呈现出渐进性特征,因此,社会和人的自我实现与发展也将经历从低级到高级、从片面到全面的发展过程。

在人的依赖关系占统治地位阶段,人改造自然的能力极其有限,生产是低水平的重复劳动,人们的生活需要和生产方式十分简单,人的劳动受制于自然,没能够成为与自然对立并征服自然的社会存在,"**劳动**本身,无论是奴隶形式的,还是农奴形式的,都被作**为生产的无机条件**与其他自然物列为一类,即与牲畜并列,或者是

---

① 《马克思恩格斯选集》第1卷,人民出版社2012年版,第57页。
② 左亚文:《马克思"类本质"思想及其现代意义再释》,《马克思主义理论学科研究》2018年第3期。
③ 《马克思恩格斯选集》第1卷,人民出版社2012年版,第202页。

土地的附属物"①,个体依附于共同体而存在,人的生产活动具有同质性,缺乏个体的独特性和创造性,个体依赖并归属于特定的阶级,缺少人身自由,因而在这个历史阶段,"无论个人还是社会,都不能想象会有自由而充分的发展,因为这样的发展是同原始关系相矛盾的"②。

在以物的依赖关系为基础的人的独立性阶段,人对自然的征服不是靠纯粹的人自身的有限的体力和群体之间的联合,而是依靠科学技术提高人征服自然的能力,使人对自然的改造能力远远超出单个人体力和能力的局限,并且随着人的能力的不断提高,人改造自然的能力也不断得到发展,但是在社会分工的制约下,人逐渐成为科学技术和大型机器的附属,从而使人的能力的发展呈现片面化、畸形化的发展趋势。在这一发展阶段,人虽然超越了对人的依赖,但由于人的能力的片面发展,人与人之间的社会关系越来越表现为人的独立个性和物对人的奴役。科学技术和社会分工的发展使人摆脱了对自然和人的过分依赖,打破了劳动的同质化,使人的利益独立化、能力差别化,推动了人的自由个性的发展,形成了市场经济条件下各交换主体之间独立平等的人格关系,但这种自由个性并没有摆脱对物的依赖,在生产资料私有制的条件下,商品经济越发达,物对人的奴役就越明显,并且劳动的对象化变成劳动的外化,劳动成为一种自我牺牲、自我折磨的劳动,工人的自主活动变成工人自身的丧失。

在"建立在个人全面发展和他们共同的、社会的生产能力成

---

① 《马克思恩格斯选集》第2卷,人民出版社2012年版,第741页。
② 《马克思恩格斯选集》第2卷,人民出版社2012年版,第738页。

为从属于他们的社会财富这一基础上的自由个性"阶段①,消灭生产资料私有制使生产活动摆脱了"私人"性质,获取社会性质,人的劳动成为他们共同的社会生产能力的一部分,不再存在占有生产资料的一部分人对另一部分人的奴役与压迫,生产活动创造了劳动者所需要的社会财富,这些社会财富成为劳动者实现自由全面发展的重要的社会物质条件,人与人之间的关系将代替私有制条件下冷冰冰的"物"与"物"之间的关系,人们对劳动创造物的崇拜变成对劳动自身创造力的崇拜,同时,旧式分工和商品经济的消除使社会的生产活动不再是片面的机械劳动,而逐渐成为人的自由自主的活动,人与人之间不再受物化的社会关系的奴役,人逐渐成为社会的主人,人与人之间结成了"自由人的联合体",在这个联合体中,人的劳动的过程也是人的自由个性、创造性和个人才华得到充分发挥和展现的过程,并且"每个人的自由发展是一切人的自由发展的条件"②。

二、社会主义建设成就奠定共享的基础

共享发展作为带有价值属性的发展理念与社会制度以及社会制度所处的历史位阶密切相关。私有制条件下社会生产资料的占有关系决定了发展成果并不能由全民共享,而在我国现有的公有制条件下,生产资料由社会成员共同所有为实现共享发展奠定了所有制基础,社会主义发展成就为落实共享发展理念奠定了坚实的物质基础。

---

① 《马克思恩格斯文集》第 8 卷,人民出版社 2009 年版,第 52 页。
② 《马克思恩格斯选集》第 1 卷,人民出版社 2012 年版,第 422 页。

　　首先,社会主义条件下生产力和生产关系的有机统一集中体现为共建共享。由于社会生产力发展程度的差异,不同时期我国经济发展的重心各有侧重,共享发展理念在不同历史时期也呈现出不同的特征。在社会主义制度建立初期,受苏联高度集中的计划经济体制的影响,我国片面追求"一大二公"的社会生产关系,忽视社会生产力发展的客观规律,在农村实行"工分制",在城市实行"八级工资制",社会收入分配具有明显的平均化色彩,生产关系超越了社会生产力发展水平的客观要求,阻碍了社会生产力的发展,党的八大对我国的这一现状进行了准确概括:"国内的主要矛盾,已经是人民对于建立先进的工业国的要求同落后的农业国的现实之间的矛盾,已经是人民对于经济文化迅速发展的需要同当前经济文化不能满足人民需要的状况之间的矛盾"[1]。在社会生产力水平低下和社会物质资源极度匮乏的条件下,片面追求公有化的程度既难以满足社会生产力发展水平的要求,同时也难以满足人民群众对物质生活资料的需求,在这一阶段过分强调共享只能是低水平的共享,社会生产和生活资料在数量和质量上都难以满足人民群众的需求。

　　改革开放以来,我国吸取了社会主义建设初期探索的经验教训,从追求高度公有化的生产关系转向关注社会生产力的发展,党的十一届三中全会决定实行改革开放的基本国策。改革开放是在保持社会主义制度性质不变的前提下对我国经济体制的变革,旨在促进社会生产力的快速发展,在经济上尝试打破了原有计划经济体制的束缚,逐步建立社会主义市场经济体制,调动了广大人民

---

　　① 中共中央文献研究室:《建国以来重要文献选编》(第九册),中央文献出版社 1994 年版,第 341 页。

群众参与社会主义建设的热情和积极性。在社会财富的分配和促进社会生产力发展方面，"邓小平提出必须允许和鼓励一部分地区、一部分人先富起来，先富者带动和帮助后富者，逐步达到共同富裕的战略构想"①。"先富"并不是对共享的否定，其是由这一历史阶段我国基本国情和社会主要矛盾所决定，"符合社会主义发展规律的，是整个社会走向富裕的必由之路"②。实施"先富"政策有助于实现社会生产力的发展，"做大蛋糕"，创造丰富的社会物质财富，为实现共享奠定物质基础。虽然实行"先富"带动"后富"政策必然会出现收入差距，甚至在一定范围内导致收入分配不公，但"先富"是实现共同富裕的手段，最终实现共同富裕才是社会主义的本质属性和内在要求，先富并不是对社会主义性质和本质的否定，而是社会主义初级阶段生产力发展的客观要求，因此这一时期是在实现生产力与生产关系相统一的基础上不断促进共建共享。

其次，社会主义基本经济制度的确立为实现共建共享奠定了制度基础。根据马克思关于未来社会的设想，只有消灭生产资料私有制，实行生产资料公有制，才能为实现人的自由全面发展创造前提条件。社会主义制度相对于资本主义制度，其主要特征是经济上实行生产资料公有制，政治上实现人民当家做主，新中国成立后，从1953—1956年我国进入了一个过渡时期，在这一时期我国实行了对农业、手工业和资本主义工商业的社会主义改造，1956年年底"三大改造"的完成，标志着社会主义基本制度在中国的确立和公有制在国民经济中主体地位的确立，公有制相对于私有制为实现共

---

① 张启华、张树军：《中国共产党思想理论发展史》（下卷），人民出版社2011年版，第1314页。

② 中共中央文献研究室：《十二大以来重要文献选编》中，人民出版社1986年版，第578页。

建共享奠定了基础。在资本主义私有制的条件下，一部分不占有生产资料的劳动者为了生存的需要被迫受雇于资本家，在其奴役和压迫下从事生产活动，劳动者的生命活动不再是其自主活动，而成为其自身的丧失，劳动者的对象化表现为对象化的丧失和被对象奴役，工人同自己的劳动产品是一种异己的对象化的关系，工人生产的越多，其失去的也越多，劳动这种生命活动本身仅仅成为维持生活的手段，人与人之间处于异化的发展状态，社会生产受竞争规律和利润的驱逐发展为工人和资本家之间的尖锐对立，社会矛盾与冲突不断发生。而在公有制经济中，生产资料由全体社会成员共同占有，剥削赖以产生和存在的所有制条件不复存在，劳动者共同从事生产活动，各尽所能，彼此之间地位平等，社会消费资料的分配以按劳分配为原则，多劳多得、少劳少得，劳动者的生产性劳动成为分配的依据和尺度，共建和共享在公有制条件下实现了有机统一。

最后，新中国成立七十多年以来所取得的发展成就为实现共享奠定了物质基础。实现全民共享既要建立在公有制的制度基础之上，同时也要以生产力水平的高度发展为前提。新中国成立初期我国社会生产力水平不发达，物质财富极为匮乏，因而人们只能在较低水平上实现共享，随着对我国社会性质和基本国情的认识的不断深化，在一系列对内对外政策的带动下，我国生产力水平得到大幅提高，"自 2006 年以来，中国对世界经济增长的贡献率稳居世界第一位。2017 年，中国对世界经济增长的贡献率为 27.8%，超过美国、日本贡献率的总和，拉动世界经济增长 0.8 个百分点，是世界经济增长的第一引擎"[①]，"1978 年，我国国内生产总值世

① 石建国：《认识改革开放伟大意义的三重视角》，《中国政协》2018 年第 23 期。

界排名第 11 位。自 2010 年我国成为世界第二大经济体,此后就稳居世界第二位"[1],经济发展方式不断转型升级,最终消费支出对国内生产总值增长的贡献率由 1978 年的 38.7% 提升至 2019 年的 58.6%,提升了 19.9 个百分点[2],成为国民经济增长的主要动力;资本形成总额对国内生产总值增长的贡献率由 1978 年的 66.7% 回落至 2019 年的 28.9%,回落了 37.8 个百分点。[3] 这一发展成就创造出了更多更丰富的社会物质财富以满足人民的需要,并且在人民需求得到不断满足的条件下,新的需求和参与共建的积极性将被激发,因而人们将以更大的热情投入社会主义事业的建设过程中,从而为实现经济社会的持续发展和人民更大范围、更深程度的共享提供了有利的客观物质条件。

但社会主义制度的中国在发展过程中仍然面临着阻碍实现共享的因素。作为社会主义制度代表的中国,经过改革开放四十多年的发展,人民生活水平显著提高,对美好生活需求呈现不断上升的趋势,更加关注实现社会公平正义,但现阶段我国经济社会的发展呈现出不平衡不充分的发展现状,城乡、区域之间的差距虽然整体上趋于缩小,但差距仍然存在,城乡、区域之间在享有基本公共服务、社会文化资源、就业竞争机会、社会福利待遇等方面存在较大的差异,并且虽然从整体上看城乡、区域之间的收入差距在缩小,但是城市居民内部和农村居民内部的收入差距却呈现出不断扩大的发展趋势,分配秩序混乱和分配不公仍在一定范围内存在。实现共享在我国具备了社会制度和物质财富基础,但在不平衡的

---

① 石建国:《认识改革开放伟大意义的三重视角》,《中国政协》2018 年第 23 期。
② 国家统计局编:《中国统计年鉴》(2021),中国统计出版社 2021 年版,第 99 页。
③ 国家统计局编:《中国统计年鉴》(2021),中国统计出版社 2021 年版,第 99 页。

发展现状下,实现共享仍受多重因素的制约。

三、资本逻辑的发展实践面临共享困境

"资本逻辑是资本所呈现出来的反映资本主义客观现实活动的内在联系、运行轨迹、发展趋势"①,与私有制的最后一种形式相适应,因而在社会生产力发展水平和交往形式上为实现共享做了必要的前提准备,但资本逻辑所蕴含的内在"悖论"难以形成实现全民共享的长效机制,因而阻碍经济社会的持续健康发展。

资本逻辑在推动社会生产力发展方面为实现共享提供了必要的物质准备。生产剩余价值是资本的本质和目的,也是推动资本逻辑得以运行的内在动力,为了实现这一目的,资本要不断实现生产力的全面发展以作为这种生产方式存在的前提,并且从生产力发展本身来看这一过程永无止境,前一生产过程的结果构成了下一个生产过程的前提,"在这里生产力的自由的、无阻碍的、不断进步的和全面的发展本身就是社会的前提,因而是社会再生产的前提;在这里唯一的前提是超越出发点"②,这一活动过程之所以能够在扩大规模上得以实现,原因就在于大量雇佣劳动的存在,马克思指出:"资本的文明的胜利恰恰在于,资本发现并促使人的劳动代替死的物而成为财富的源泉。"③正是在资本的这一活动过程中,"我们看到:一方面,资本是以生产力的一定的现有的历史发展为前提的——在这些生产力中也包括科学——另一方面,资本又推动和促进生产力向前发展"④,因此,这一生产过程不仅推动

---

① 张雷声:《论资本逻辑》,《新视野》2015 年第 2 期。
② 《马克思恩格斯文集》第 8 卷,人民出版社 2009 年版,第 169 页。
③ 《马克思恩格斯文集》第 1 卷,人民出版社 2009 年版,第 176 页。
④ 《马克思恩格斯文集》第 8 卷,人民出版社 2009 年版,第 188 页。

了社会生产力和人的需要的向前发展,同时创造了丰富的、满足人的需要的物质生活资料,并且生产了推动社会生产关系变革的社会历史条件,从而为实现共享发展提供了必要的物质前提准备。

资本逻辑在推动世界历史和普遍交往形成方面为实现共建共享提供了必要的交往形式。社会分工和交往形式的发展推动工厂手工业的产生及其扩大化,加速了资本的积累和积聚以形成大资产阶级。为了适应资本主义大工业发展的需要,资本要求打破交往的地域限制以形成全球范围内的世界市场,世界历史的发展进程也由此开启,马克思在《德意志意识形态》中指出:"它首次开创了世界历史,因为它使每个文明国家以及这些国家中的每一个人的需要的满足都依赖于整个世界,因为它消灭了各国以往自然形成的闭关自守的状态"①,世界历史的开辟意味着国家和民族之间打破孤立、对立的状态,形成分工协作、相互往来、彼此依赖关系的历史过程。"世界历史的表现是普遍交往。普遍交往的形式有两种:一种是以物的依赖性为基础的普遍交往;另一种是以自由个性为基础的普遍交往"②,第一种交往形式是资本逻辑推动下不同国家和民族之间的普遍联系,目的在于适应资本增殖和全球扩张的内在需求,这种交往形式在客观上推动了社会生产力的发展和社会生产关系的变革,使封建的宗法等级关系被自由平等的货币关系所取代,从而为实现向第二种交往形式转化创造了条件。第二种交往形式则是普遍交往的真正实现,作为主体的人摆脱了物对人的束缚和人自身的异化,一切社会生产活动都是在人们的共同

---

① 《马克思恩格斯选集》第1卷,人民出版社2012年版,第194页。
② 张有奎:《形而上学之后:马克思的实践哲学思想及其流变》,人民出版社2013年版,第136页。

控制之下按照人的主观意志进行,并且服务于人自身全面发展的需要,因而在资本逻辑推动下的普遍交往的发展为实现共建共享提供了交往形式准备。

资本逻辑的"生产悖论"阻碍实现全民共享。"资本的实质并不在于积累起来的劳动是替活劳动充当进行新生产的手段。它的实质在于活劳动是替积累起来的劳动充当保存并增加其交换价值的手段"①,也即资本的本质在于使用雇佣劳动生产剩余价值,这一过程推动了社会生产力的发展和人们交往形式的变化,但是由于私有制和雇佣劳动的存在,资本主义生产过程既是劳动者创造价值的过程,也是劳动者自我异化的过程,这一异化劳动决定了资本逻辑内在地包含着多重"生产悖论"。在生产与分配的关系上资本逻辑的"生产悖论"表现为生产社会化和生产资料私人占有之间的矛盾。资本主义条件下生产表现为社会化大生产,生产社会化程度越高,生产资料私人占有的程度也就越高,社会财富就越表现为不平等的分配现状,联合国人权理事会极端贫困和人权问题特别报告员菲利普·奥尔斯顿在 2018 年 6 月 4 日发布的一份报告中指出:"美国的贫困和社会不平等问题比通常人们想象的更为严重,而且还有进一步恶化的趋势。统计显示,美国最富裕的 1% 人群所占有的社会财富持续增加,2016 年占有全国 38.6% 的财富。而占总人口 90% 的大众所拥有的财富和收入水平在过去 25 年里总体呈现下降趋势"②,较大的收入差距的存在既与生产社会化的发展趋势相背离,同时也使经济发展成果难以惠及全体人民,实现全民共建共享。在生产与消费的关系上资本逻辑的"生

---

① 《马克思恩格斯选集》第 1 卷,人民出版社 2012 年版,第 342 页。
② 张梦旭:《贫富差距加大折射美国治理困境》,《人民日报》2018 年 6 月 7 日。

产悖论"表现为生产的无限扩张和消费的厉行节约之间的矛盾。在竞争的外在压力和利润最大化的内在动力的驱使下,资本呈现出无限扩张的趋势,为了实现资本积累最大化,资本家在可以实现的范围内不仅缩减自身的消费费用,而且缩减雇佣工人的消费费用,由于工人的消费资料表现为劳动力的价值,缩减工人的消费费用就表现为加大对工人的剥削,但资本生产扩张及其价值的实现是以消费需求同等程度的扩张为前提,降低消费需求和资本生产扩张之间构成了资本运行过程中难以克服的矛盾,因此在资本主义社会危机呈现周期性爆发的特点,并且危机的缓解常常以破坏生产力的形式得以实现。总之,资本逻辑所包含的无论是分配还是消费方面的"生产悖论"都将阻碍实现全民共享。

　　资本逻辑的"理性悖论"阻碍实现全面共享。起源于古希腊文化中的理性概念"经过笛卡尔、康德等的发展日益成为当代西方主导的思维模式,这种思维模式把整个世界划分为物质和精神两个截然不同的本原实体,其内在地包含着物质与精神、思维与存在、主体与客体、感性与理性之间的二元对立"①,这种思维模式在经济领域表现为实现资本增殖的"经济理性"。"现代的基本进程乃是对作为图像的世界的征服过程"②,资本运行的过程就是按照"经济理性"的内在逻辑组织劳动者从事现代化大工业的生产过程,在这个过程中资本这个物逐渐地被人格化和理性化,为了实现资本增殖的目的,理性逐渐演变为工具理性,实现资本增殖的经济理性成为统治人的手段,经济发展服务于人的自由个性发展的本

---

　　①　熊晓琳、任瑞姣:《人类命运共同体的共享之维》,《学校党建与思想教育》2018年第7期。

　　②　[德]海德格尔:《海德格尔选集》下卷,孙周兴选编,上海三联书店1996年版,第904页。

质目的被忽视,物对人的奴役和人对物的崇拜成为经济理性发展过程中出现的普遍的"理性悖论",资本实现增殖的"经济理性"形成了人们实际上的非理性经济行为。伴随社会生产的发展,人们对商品和货币产生了巨大的热情,拜金主义开始盛行,并且"经济理性"向整个外部世界的延伸形成了生产过程中对信息技术的崇拜以及对自然环境的破坏,导致了社会中"数字鸿沟"和"唯GDP论的发展观"的出现,这种片面的增长形成了对发展人的自由个性的抑制,因而在"经济理性"中实现经济发展成果惠及全体人民和经济发展服务于人的发展的本质目的也成为幻想和空谈。

第二节　共享发展理念的价值意蕴

共享发展理念植根于中华民族传统文化的优良基因,立足于建设中国特色社会主义事业的伟大实践,肩负着实现中华民族伟大复兴和人民幸福的历史使命。在当前的时代背景下,共享发展作为新发展理念的价值追求和目标所在集中体现了社会主义本质和社会公平正义的内在要求。同时,共享发展理念为我国社会破解发展难题、增强发展动力、厚植发展优势、推动实现共同富裕提供了价值引领和方法指导,因而具有丰富的价值意蕴。

一、共享发展的主体维度:以人民为中心

社会主义制度下人民既是共享发展的价值主体、实践主体,也是发展成果的享有主体。从价值主体来看,共享发展本质上是为了全体人民,不是为了少数人或少数阶级的利益。从实践主体来

看,人民群众是社会物质财富和精神财富的创造者,是创造社会发展成果的主体。从享有主体来看,社会发展的成果由全体人民共同创造,因而也要由全体人民共同享有。共享发展的价值主体和实践主体决定了共享发展的享有主体,由全体人民共享发展成果是共享发展的本质属性和内在要求。人民作为共建共享的主体既使人的本质得以确证,也使人的发展得以实现,人的需要的满足和历史的不断向前发展都是在人的有目的的实践活动中得以实现的。

首先,人民是共享发展的价值主体,更是一切政权赖以存在的重要根基。早在春秋战国时期就有关于人民在一个国家中的重要地位的论述,孔子在《礼记·缁衣》中指出:"民以君为心,君以民为本","心以体全,亦以体伤。君以民存,亦以民亡",《春秋谷梁传》中指出:"民者,君之本也"。马克思更是穷其一生探索实现人民解放和人的自由全面发展的科学道路,他在哲学领域中确立了人民主体的唯物主义历史观,批判了唯心史观的不科学性,在政治经济学领域立足实现人的自由全面发展的目标,对资本逻辑以及资本逻辑下人的异化现象进行了科学分析和深刻批判,并对未来社会将要实现的人向人的本质回归的理想状态进行了设想,从而为实现世界各族人民解放和发展提供了重要的理论指导。在以马克思主义理论为指导的社会主义中国,一代又一代的中国共产党人牢固坚持人民在社会主义国家的重要地位,新时代习近平总书记更是在多个场合提出要坚持以人民为中心,一切为了人民这一重要理念,"民惟邦本,本固邦宁""始终坚持全心全意为人民服务的根本宗旨,是我们党得到人民拥护和爱戴的根本原因""我将无我,不负人民",人民既是政权存在的根本,也是国家治理与发展的最高价值主体。

其次,人民是共享发展的实践主体,推动着人类社会的形成与发展。"全部人类历史的第一个前提无疑是有生命的个人的存在"①,而这些个人不是"离群索居的个人",而是从事实践活动的"现实的个人"。"现实的个人"生存的第一个前提是"人们为了能够'创造历史',必须能够生活。但是为了生活,首先就需要吃喝住穿以及其他一些东西。因此,第一个历史活动就是生产满足这些需要的资料,即生产物质生活本身,而且,这是人们从几千年前直到今天单是为了维持生活就必须每日每时从事的历史活动,是一切历史的基本条件"②。个体自身的需要不仅推动着人在感性世界中"生产自己的生活资料,同时间接地生产着自己的物质生活本身"③,而且随着个体需要不断得到满足,新的需要随之产生,人们进行生产的历史活动将持续存在,形成整个感性世界的物质基础,"这种活动、这种连续不断的感性劳动和创造、这种生产,正是整个现存的感性世界的基础,它哪怕只中断一年……整个人类世界以及他自己的直观能力,甚至他本身的存在也会很快就没有了"④。人类历史的形成和发展以及现存的感性世界就是在个人从事改造世界的生产活动中得以展开,正如恩格斯指出的:"自从阶级产生以来,从来没有过一个时期社会可以没有劳动阶级"⑤,并且"无论不从事生产的社会上层发生什么变化,没有一个生产

---

① 《马克思恩格斯选集》第 1 卷,人民出版社 2012 年版,第 146 页。
② 《马克思恩格斯选集》第 1 卷,人民出版社 2012 年版,第 158 页。
③ 《马克思恩格斯选集》第 1 卷,人民出版社 2012 年版,第 147 页。
④ 《马克思恩格斯选集》第 1 卷,人民出版社 2012 年版,第 157 页。
⑤ 《马克思恩格斯全集》第 25 卷,人民出版社 2001 年版,第 534 页。

者阶级,社会就不能生存"①。

最后,人民的价值主体和实践主体属性决定了其将成为发展成果的享有主体。社会历史的发展变化和自然界一样都是受客观规律支配的,自然发展史是没有意识的、盲目的,社会历史的发展则是在人的主观意识参与下进行的,"在社会历史领域内进行活动的,是具有意识的、经过思虑或凭激情行动的、追求某种目的的人;任何事情的发生都不是没有自觉的意图,没有预期的目的的"②,社会历史是在每一个追求他自己目的的人的合力中形成,既合目的性也合规律性,按照这一客观原理,社会财富理应由财富的创造者所共同享有。同时,由于人民是一个国家政权赖以存在和发展的价值主体,是创造社会财富和人类历史的实践主体,那么人民自然也是社会发展成果的享有主体,并且只有在"谁创造,谁享有"的模式激励下才能推动实现社会的全面进步与发展。在私有制的条件下,一些阶级或利益集团凭借其在经济和政治上的统治地位,垄断性地占有社会财富的大部分,从事社会生产的工人只占有较少的社会财富,在这种情况下,共享只能为少数统治阶级所享有,不是为全体社会成员所享有。而在社会主义公有制条件下,劳动者既是社会主义事业的建设者,同时也是社会财富的享有者,社会生产资料由全体社会成员共同占有,社会财富的创造与分配既反映劳动主体的需要,同时也反映不同劳动主体在生产过程中贡献的大小,社会财富的生产与分配体现了鲜明的主体向度,这种主体向度既体现为满足人的主观目的和需要,同时还表现为人作

① 《马克思恩格斯全集》第25卷,人民出版社2001年版,第534页。
② 《马克思恩格斯选集》第4卷,人民出版社2012年版,第253页。

为实践主体为实现共享发展所作出的积极贡献,即共建共享。

二、共享发展的过程维度:促进公平正义

古希腊时期公平正义被看作城邦政治制度的重要品质,这一品质的实现与个人德性紧密相连,为了实现这一品质,柏拉图诉诸于美德,认为公民个人的德性构成城邦秩序的基础。当代西方罗尔斯把正义看作社会制度的首要德性,试图通过制度构建实现社会公平正义。当前社会主义条件下,公平正义集中体现在促进实现全体人民共建共享的过程中。

首先,促进公平正义符合人民需求变化的规律和特点。1943年美国心理学家亚伯拉罕·马斯洛在《人类激励理论》中将人的需要从低到高分为五个层次,分别是"生理的需要、安全的需要、爱的需要、尊重的需要、自我实现的需要"①,这五个层次的需要渐次成为人自身发展的动力,在人的低层次需求得到满足之后,这一层次的需求产生的激励机制将不复存在,人的需求随之将会转入较高层次的需求,从而形成新的激励机制,并且在人的需求不断得到满足和逐渐提升的过程中,需求的内容将得到丰富和实现多样化。党的十九大报告指出:"中国特色社会主义进入新时代,我国社会主要矛盾已经转化为人民日益增长的美好生活需要和不平衡不充分的发展之间的矛盾。"②习近平总书记关于人民日益增长的美好生活的需求提出了"八个更"的新描述,他指出"经过改革开放近40年的发展,我国社会生产力水平明显提高;人民生活显著

---

① 叶敏:《人民需要的主观性变迁与执政党的能力建设指向——对改革开放以来人民需要变迁与执政逻辑的一个注解》,《社会主义研究》2018年第6期。

② 习近平:《决胜全面建成小康社会　夺取新时代中国特色社会主义伟大胜利——在中国共产党第十九次全国代表大会上的讲话》,人民出版社2017年版,第11页。

改善,对美好生活的向往更加强烈,人民群众的需要呈现多样化多层次多方面的特点,期盼有更好的教育、更稳定的工作、更满意的收入、更可靠的社会保障、更高水平的医疗卫生服务、更舒适的居住条件、更优美的环境、更丰富的精神文化生活"①,这八个方面不仅反映了改革开放以来人民需求变化的新特点,符合人自身需求变化发展的内在规律,同时也更加凸显了社会公平正义在促进人民生活水平提高中的重要地位。因为没有社会公平正义,就不可能有人民生活水平的不断提高,人民生活水平切实得到提高,一方面源自社会经济的不断发展,另一方面源自人民对实现社会公平正义的内在信心与预期,即人民生活水平不断提升的过程也是实现社会公平正义的过程。

其次,促进公平正义是共享发展的内在价值旨趣。在生产资料私有制和剩余产品出现之后,社会中就产生了分配公平问题,我国古代社会就有"不患寡而患不均,不患贫而患不安"的名言警句反映当时社会的分配理想,西方古希腊时期柏拉图和亚里士多德也对社会公平正义问题进行了探讨,亚里士多德把公平正义当作处理人与人之间关系的重要伦理标尺,把公正看作重要的德性,不仅个人应具备这种伦理德性,而且国家制度的设计也应确保公正在整个社会中得以实现,现代罗尔斯把正义看作社会制度的首要德性,经由人们一致同意的公平的正义原则是吸引社会成员自愿加入社会合作体系的首要原则。习近平总书记在党的十八届五中全会的讲话中明确指出:"共享发展注重的是解决社会公平正义

---

① 《习近平谈治国理政》第二卷,外文出版社 2017 年版,第 61 页。

问题。'治天下也,必先公,公则天下平矣'。"①实现共享发展要着力促进社会公平。公平问题从根本上来说是与一定社会的所有制结构和分配制度紧密相关,我国自社会主义制度建立以来就确立了公有制在社会经济结构中的主体地位,这既确保了社会主义社会的性质和人民的主体地位,也为实现公平正义奠定了制度基础。但由于在社会主义初级阶段,多种所有制经济和多种分配方式并存,生产要素归属于不同的所有者并且要素占有存在不平等,以及不同生产要素在生产中贡献的大小和要素的价格各不相同,因此人们凭借要素所有权获取收益的大小也将各不相同,社会分配公平正义问题更加凸显。在落实共享发展理念的背景下,人们对实现社会公平正义的期望也越来越高,因而促进实现公平正义成为落实共享发展理念的内在要义和价值旨趣。

最后,公平正义是落实共享发展理念的重要机制。公平正义与不同性质的社会制度相联系具有不同的内涵和价值标准,在以私有制为基础的社会结构中,公平正义常常受宗法、阶级、金钱等因素的把持,社会经济、政治和其他各项平等权益仅为少数人或少数阶级所享有,比如在奴隶社会,奴隶主享有社会各项经济、政治权益,奴隶则不能与奴隶主平等地享有,这是奴隶社会的公平正义。社会主义公有制则为实现全体社会成员共享社会一切自由平等权利、共享社会公平正义创造了有利条件,社会主义条件下的公平正义意味着全体人民能够平等合理地享有社会经济利益、政治利益和其他各项权益,在共享的过程中主要体现所有人共享权利

---

① 中共中央文献研究室:《十八大以来重要文献选编》中,中央文献出版社 2016 年版,第827 页。

公平、机会公平、规则公平和结果相对公平。在竞争起点上所有人共享平等的竞争权利和机会，一切人为特权所造成的人与人之间的不平等都有违社会公平正义的要求。在竞争过程中，所有人共享公平的竞争规则，因历史和政策等因素所形成的不合理、不公平的竞争规则将限制自由竞争，进而不利于形成统一有序的竞争环境，因而在推动全面深化改革的过程中要破除一切阻碍实现自由竞争的不利因素，从而为在全社会实现公平竞争创造有利条件。在竞争结果上，由于自然禀赋、社会条件等先天因素以及运气、机遇等偶然因素的差异，公平的竞争规则并不能排除偶然性因素对公平竞争结果的影响，因而要对分配结果实行"差别原则"，进行合理调节，保护弱势群体的合法利益和要求，以确保实现社会公平正义和全民共享。

三、共享发展的最终目标：实现共同富裕

改革开放以来，在对我国社会主义社会本质形成正确认识的基础上，基于不同时期经济社会发展的实际情况，以促进发展和不断提高人民生活水平为目的，我国经历了从"先富"到"共富"进而到"共享"的理念转化过程。共享作为新的发展理念是基于对新时代我国在发展过程中出现的新特征的科学研判而提出的，反射出我国社会在实现发展成果普惠共享方面所遇到的困境，同时也是对我国过去的发展经验和发展模式的总结与反思。共享发展不是对已有发展理念的直接否定，而是在其基础上的创新与发展，这一理念作为从"先富"到"共富"过渡的中间环节，最终将以实现共同富裕为目标。

"先富"和"共富"政策以推动社会生产力发展为目的。"先

富"是对改革开放初期我国社会生产力发展水平低下的准确反映,我国在生产力水平不发达的条件下进入社会主义社会,长期的生产力水平低下使社会主义制度的优越性难以体现出来,邓小平指出:"如果在一个很长的历史时期内,社会主义国家生产力发展的速度比资本主义国家慢,还谈什么优越性?"①因而其提出了允许一部分地区和一部分人先富起来,"先富"在政策含义上起着过渡性的作用,旨在激发劳动者的劳动积极性,代表的是社会生产力水平的不断提高,其并不意味着剥削,而是实现共同富裕的手段。共同富裕建立在生产资料公有制的基础之上,公有制消除了剥削关系赖以存在的基础,因而符合社会主义社会对生产关系的内在要求,同时,共同富裕建立在生产力高度发达的基础之上,实现共同富裕的过程也是推动社会生产力水平提高的过程。

在"先富带动后富"的发展政策引导下,我国在农村实行家庭联产承包责任制,农户凭借自身的劳动能力和运用技术的程度获取不同的收益,形成不同农户之间的收入差异,从而激励不同的劳动主体参与劳动的积极性,克服了过去劳动中的"养懒汉"现象。在城市政府对企业实行放权让利,逐渐扩大企业的自主权,各个企业凭借自身的经营能力获取不同等的收益和报酬,形成了不同企业之间的发展差距,从而调动企业主体不断提升自身经营能力的主动性。在对外开放方面,依据区位优势的不同,对沿海城市逐步实行开放政策,沿海地区依靠引进的资金和技术率先发展起来,进而带动相邻地区实现发展。"先富"并不违背社会主义本质的内在要求,允许一部人先富起来是我国现有社会生产力发

①《邓小平文选》第二卷,人民出版社 1994 年版,第 128 页。

展水平的客观要求,同时与我国现阶段的基本经济制度和分配制度相一致,社会主义条件下实行的自由竞争的市场经济体制和按劳分配的分配原则必然会形成一部分人和地区的率先发展与致富。

共享发展是连接"先富"与"共富"的中间环节。"先富"政策推动了社会生产力水平的快速提高和社会物质财富的不断增长,但随之而来出现了诸多发展中的问题,比如分配不公和两极分化问题,邓小平在同弟弟邓垦的谈话中指出:"发展起来以后的问题不比不发展时少"[1],过去实行"先富"政策,过度关注经济发展的速度和数量,忽视经济发展的质量和效益,忽视平衡经济发展和实现社会公平正义之间的关系,结果造成了社会发展成果未能惠及全体人民,社会成员在民生福利和公共服务等的享有上存在较大的差距,社会公平问题日益凸显,在此基础上我国提出了共享发展理念。共享发展理念是对"先富"政策实施经验的总结与反思,体现了未来社会更加重视社会公平、促进实现发展成果由全民共享的发展理念。"先富"政策关注发展的效率和速度,为落实共享发展理念和实现共同富裕提供了必要的物质基础,共享发展则更加关注社会公平,既在发展过程上注重实现公平正义,更在发展目的上致力于实现全民共享,共享发展理念与"先富"政策不是否定替代关系,而是一脉相承的关系,二者的最终目的都是服务于实现共同富裕的发展目标。

共享发展的共建性和渐进性形成了实现共同富裕的基础和特征。共享发展理念对全民共建共享的强调与实现共同富裕在本质

---

① 中共中央文献研究室:《邓小平年谱:1975—1997》(下),中央文献出版社 2004 年版,第1364 页。

上具有一致性,这一理念所蕴含的共建特征为实现共同富裕创造了必要的前提基础。共享发展并不是单纯地享有,更不是坐享其成。在享有方式上,共享发展是对资本逻辑下一个阶级剥削另一个阶级的享有方式的超越,体现为全民共享,通过实现全民共享一方面能够增进广大人民群众的幸福感和获得感,另一方面能够调动全体社会成员参与共建的积极性。在发展方式上,共享发展理念体现为全民共建,全民共建是"发展依靠人民"理论的彰显和体现,符合唯物史观关于人民创造历史的发展规律,有助于"形成人人参与、人人尽力、人人都有成就感的生动局面"①。同时,共享发展具有层次性和渐进性,落实共享发展理念的过程也呈现出阶段性特征,现阶段实现全民共享的阶段性特征表现为不均衡性,不同群体在享有社会资源和公共服务方面存在显著差异,但这并不能否定共享发展的全民性,随着生产力水平的提高和分配程序的不断完善,全民共建共享的层次将会逐步提高,人民的幸福感和获得感将会逐步增强,共享发展的这一特性将成为在我国实现共同富裕的基本特征。我国是在生产力水平不发达的条件下进入社会主义社会,共同富裕是社会主义社会的奋斗目标,受现有生产力水平的制约,实现共同富裕必将是一个漫长的过程,这一目标在实现过程中将分解为多个阶段性目标,共享发展是共同富裕的奋斗目标在现阶段的具体体现,并且实现共享发展的过程也是一个渐进提高的过程,是逐步从不均衡到均衡、从较低水平共享到较高水平共享的发展过程,这一过程生动地说明了在我国实现共同富裕奋斗目标的基本特征。

---

① 《习近平谈治国理政》第二卷,外文出版社 2017 年版,第 215—216 页。

第三节　共享发展与分配公平的逻辑关系

　　共享发展是在平衡生产与分配、效率与公平、以经济建设为中心和以人民为中心的矛盾过程中形成的,在生产关系方面强调全民共享,在生产力方面强调共建共享,这一理念既注重提高效率,更注重实现公平,既关注经济发展成就,更关注发展成果由全民共享,因而为在我国实现分配公平提供了重要的价值选择和逻辑方法。同时,公有制条件下的分配公平与共享发展具有性质上的一致性,其不同实现形式集中体现了社会实现共享的程度和水平,并且现阶段促进收入分配公平是落实共享发展理念最主要的内容,因而分配公平构成了实现共享发展的核心要义。此外,分配公平作为连接占有与享有、生产与消费、供给与需求的中间环节,推动着社会的矛盾运动,这一矛盾运动既为实现共享发展奠定了制度基础,同时也推动社会在共建中实现共享,在落实共享的过程中迈向共同富裕,因而分配公平为落实共享发展提供了现实动力。

一、共享发展是引领分配公平的价值选择

　　共享发展理念建立在生产力不断发展和生产资料公有制的基础之上,旨在实现全民共建共享。在生产过程上,共享发展以全民参与共建为基础,以促进自由劳动为目标,实现了对私有制条件下"异化劳动"的批判与超越。在分配方式上,共享发展以按劳分配为基础,实现了对部落所有制下的"群享"和私有制条件下"私享"的批判与超越。因此,共享发展作为促进生产力发展和分配关系

完善的基本理念为实现分配公平提供了价值选择。

"共享"取代"私享"依赖于所有制形式的变革。社会生产方式和所有制形式的变革将推动社会享有方式发生变革,亚细亚生产方式下的"群享"和生产资料私有制条件下的"私享"与特殊阶段的社会生产力发展水平相适应,随着生产力水平的不断提高,亚细亚生产方式下的"群享"必然会为私有制条件下的"私享"所代替,私有制条件下的"私享"发展到一定程度必将被更高的占有和享有方式所取代。"群享"与社会生产力水平低下相适应,在所有制结构上实行的是部落所有制,人与人之间的相互依赖是社会生产方式的存在形式,当这种形式发展到分工和私有制出现的条件下,"私享"取代了"群享"成为社会主要的享有方式,"私享"与生产资料私有制相适应,在私有制发展到资本主义所有制时,资本家的"私享"成为这一享有方式最典型的特点,资本家无偿占有工人创造剩余价值,工人只能占有其所创造价值的一部分,仅能够维持其生存和发展的需要,马克思在《共产党宣言》中指出:"现代的资产阶级私有制是建立在阶级对立上面、建立在一些人对另一些人的剥削上面的产品生产和占有的最后而又最完备的表现"①,而想要摆脱这种"私享"实现劳动者对产品的占有和享有,必须要变革所有制,也即消灭私有制,"无产者只有废除自己的现存的占有方式,从而废除全部现存的占有方式,才能取得社会生产力"②,实现劳动产品由劳动者所享有。

共产主义社会将实现生产资料和生活资料的共同所有与享

---

① 《马克思恩格斯选集》第1卷,人民出版社2012年版,第414页。
② 《马克思恩格斯选集》第1卷,人民出版社2012年版,第411页。

有。共产主义社会是"一个集体的、以生产资料公有为基础的社会"①，产品不再表现为商品，产品生产者不用再为生产适销对路的商品而费尽心思，整个社会生产活动在有组织、有计划的条件下有序进行，用在产品上的劳动不再表现为商品的价值，个人劳动不需要通过买卖而是直接作为社会总劳动的组成部分，个人对社会生产力的占有和整个社会所有生产者的联合之间的张力趋于协调，在这种条件下商品价值和使用价值、抽象劳动和具体劳动、私人劳动和社会劳动之间的矛盾得以解决，所有的劳动者在生产过程中处于平等的地位，劳动成为社会成员之间相互交换的唯一尺度，这既超越了资本主义社会生产资料私有制和社会化大生产的内在矛盾，同时也为实现社会化大生产创造了有利条件，促进了社会生产力的快速发展和社会物质财富的不断增长，从而为所有人平等地共同享有生活资料提供了制度保障和物质基础。恩格斯在《雇佣劳动与资本》序言中写道："在人人都必须劳动的条件下，人人也都将同等地、愈益丰富地得到生活资料、享受资料、发展和表现一切体力和智力所需的资料"②，"通过社会化生产，不仅可能保证一切社会成员有富足的和一天比一天充裕的物质生活，而且还可能保证他们的体力和智力获得充分的自由的发展和运用"③，人人共享一切生活资料成为马克思主义关于人类未来社会的美好愿景。此外，马克思设想的共产主义高级阶段将实行"各尽所能，按需分配"的分配原则，正是在对资本主义私有制的揭露和批判过程中回答如何实现所有人共建共享过程中所提出的关于人类社会

---

① 《马克思恩格斯选集》第3卷，人民出版社2012年版，第363页。
② 《马克思恩格斯选集》第1卷，人民出版社2012年版，第326页。
③ 《马克思恩格斯选集》第3卷，人民出版社2012年版，第814页。

的最高分配原则,这一原则体现了共享的最高层次。

共享发展超越"群享"与"私享",为实现分配公平提供了价值选择。首先,共享发展建立在生产资料公有制的基础之上,在所有制结构上实现了对部落所有制和私有制的超越,为实现分配公平奠定了所有制基础。人类社会所有制结构的演化经历了部落所有制或简单的个人私有制—私有制(资本主义私有制)—公有制三个阶段,在辩证法上这三者构成了正反合的发展过程。公有制对私有制特别是资本主义私有制的否定不是要重新回到私有制,"而是在资本主义时代的成就的基础上。也就是说,在协作和对土地及靠劳动本身生产的生产资料的共同占有的基础上,重新建立个人所有制"①,虽然这种所有制在现阶段尚不能实现,但在这种发展趋势下,社会财富将由私有和私享转向公有和共享。其次,共享发展建立在按劳分配基础之上,在分配形式上实现了对"私享"虚伪性的批判,为实现分配公平提供了基本的分配原则。古典经济学从国民经济的既有事实出发,把资本主义生产方式中工人得工资、资本得利润、土地得地租的分配方式看作公平合理的、永恒的分配方式。马克思认为,这种分配方式只是从量上进行分析,没有深入社会关系的本质,从生产关系的本质来看,利润和地租都来源于工人创造的剩余价值,"按资分配"的分配方式包含着资本对工人的剥削,未来社会取代这一分配方式的是按劳分配和按需分配,这两种分配方式本身包含着劳动者共建共享的深刻意蕴。最后,共享发展建立在人作为从事自由劳动的主体的基础上,在人的存在状态上实现了对"私享"条件下异化劳动的否定,为实

---

① 《马克思恩格斯选集》第2卷,人民出版社2012年版,第300页。

现分配公平创造了先决条件。马克思对"私享"的批判同时包含着对异化劳动的批判,资本家的"私享""是同他榨取别人的劳动力的程度和强使工人放弃一切生活享受的程度成比例的"①,在资本主义私有制条件下,工人在资本家的奴役下从事生产活动,"劳动的这种现实化表现为工人的**非现实化**,对象化表现为**对象的丧失**和**被对象奴役**,占有表现为**异化**、**外化**"②,而在消灭私有制和雇佣制度的前提条件下,工人将摆脱异化状态,逐步实现自由自主的活动和需要的不断被满足,这为实现共建共享创造了有利条件。

二、共享发展是促进分配公平的逻辑方法

共享发展理念视域下的占有和享有方式是区别于当前社会制度之前的一切社会制度的新的占有和享有方式,蕴藏着多层实践逻辑,在促进实现分配公平的实践中,兼具现实性与超越性、手段性与目的性,体现了生产与分配、过程与结果的有机统一,因而成为促进分配公平的逻辑方法。

第一,共享发展体现了生产和分配、效率和公平的有机统一。"共享"侧重于发展成果的共同享有和发展过程的共同参与,解决这一问题主要是在分配领域,通过对社会分配关系的调整和分配程序的设计,实现所有人在发展起点、过程和结果享有上的公平正义。"发展"则集中表现为社会生产力水平的提高,解决这一问题主要是在生产领域,社会发展所取得的成果是生产力水平提高的集中体现。生产和分配是推动社会生产力发展不可分割的两个方面,二者统一于共享发展的实践过程中,生产是在分配中进行的生

---

① 《马克思恩格斯选集》第 2 卷,人民出版社 2012 年版,第 268 页。
② 《马克思恩格斯选集》第 1 卷,人民出版社 2012 年版,第 51 页。

产,分配是对生产资料和生产产品的分配,社会生产方式的性质决定了社会生产资料和产品的分配,只有符合社会生产力发展水平和发展规律的分配方式才能推动社会生产力的发展和社会公平正义的实现,离开生产谈论分配容易脱离社会实际,把具体问题抽象化,把抽象问题绝对化。社会主义建设初期"人民公社化"和"大跃进"运动,其实质就是脱离生产实际,单纯追求生产关系特别是分配关系的至上性,忽视对社会生产力发展现状和未来发展规律的考虑,这种尝试脱离了对社会生产力发展实际的考虑,单纯追求生产关系的高级化,严重超越了社会主义社会生产力发展水平,导致社会成员普遍处于低水平的共享。同样,西方古典政治经济学把分配问题看作独立于生产领域的孤立问题,仅从社会财富分配的肤浅表面来分析社会关系,解释社会分配现象的合理性,为既有的生产关系辩护,其从资本主义生产方式和资本的既定前提出发,把资本—利润、土地—地租、劳动—工资看作资本主义社会的分配铁律,因而这一理论从本质上来说难以超越资本主义社会发展的矛盾和弊端不断推动实现全民共建共享。

生产与分配问题在当前集中体现为效率和公平关系问题。我国收入分配制度改革经历了平均主义—效率优先—注重公平的发展历程,当前社会生产力发展取得了一定的成就,但是社会分配公平问题日益成为制约生产力发展的重要因素,党的十八大报告中指出:"初次分配和再分配都要兼顾效率和公平,再分配更加注重公平"①,共享发展把生产和分配、效率和公平有机结合起来,强调共建共享,在积极促进生产力发展的基础上致力于实现社会分配

---

① 《胡锦涛文选》第三卷,人民出版社 2016 年版,第 642 页。

公平正义,并通过实现社会发展成果的全民共享推动社会生产力的进一步发展,党的十八大报告明确指出:"实现发展成果由人民共享,必须深化收入分配制度改革,努力实现居民收入增长和经济发展同步、劳动报酬增长和劳动生产率提高同步,提高居民收入在国民收入分配中的比重,提高劳动报酬在初次分配中的比重。"①在此基础上,党的十九大报告进一步提出了"坚持在经济增长的同时实现居民收入同步增长、在劳动生产率提高的同时实现劳动报酬同步提高"②,两个"同时"和两个"同步"鲜明地体现了生产和分配、效率和公平两对矛盾的两个方面在经济社会发展过程中的重要地位,在两个"同步"的基础上加上两个"同时"旨在实现经济发展过程中不断提高个体的收入水平,进而提高全体人民共享社会发展成果的层次和水平,更加凸显了实现分配公平在当前我国经济发展过程中的紧迫性。

第二,共享发展体现了程序正义与结果公平的有机统一。程序正义和结果公平是现代西方政治哲学探讨分配问题绕不开的话题,不同学者基于不同的前提假定形成了关于程序正义和结果公平的不同观点。罗尔斯期望通过正义的制度设计促进程序正义和结果公平的统一,为了达到这一目的,其通过假定超现实的"无知之幕"和"原初状态",主张机会应向全体社会成员平等开放,每个人平等地享有所有社会价值,同时由于人的先天条件、自然禀赋、个人能力等存在的差异,在经济社会发展过程中个人的贡献存在较大的差异,其也承认了经济社会中不平等的存在,对于这种由偶

---

① 《胡锦涛文选》第三卷,人民出版社 2016 年版,第 642 页。

② 习近平:《决胜全面建成小康社会　夺取新时代中国特色社会主义伟大胜利——在中国共产党第十九次全国代表大会上的报告》,人民出版社 2017 年版,第 46—47 页。

然因素和先天条件所产生的不平等,罗尔斯认为这是不应得的,"虽然财富和收入的分配无需平等,但它必须合乎每个人的利益"①,社会正义要排除运气等偶然因素的影响,其主张采用差别原则使经济社会不平等的程度能够最大限度地促进社会中最少受惠者的利益。罗尔斯依靠机会平等原则保证程序正义的实现,通过实行差别原则对分配结果的调节,实现分配的结果公平。但诺奇克对罗尔斯的差别原则持反对态度,其认为个人的权利神圣不可侵犯,财富在经过获取正义、转让正义和对不公正的矫正原则之后形成的持有是不可侵犯的,任何依据某项标准进行的模式化分配都是不可取的,政府的任何再分配政策都是对个人权利的侵犯,是违背正义原则的,在诺奇克的理论中,社会财富的分配只要合乎正义的分配程序,其分配结果就是公平的。

社会主义分配制度设计在促进程序正义和结果公平有机统一的过程中落实全民共享理念。在马克思的理论设想中,共享发展最终是要以实现所有人的自由全面发展为目的,由于共享发展具有渐进性,因而在社会发展的不同阶段共享发展能够实现的程度与水平决定了这一时期落实共享发展理念的不同侧重点,在生产力尚未充分得到发展的历史时期,实现共享发展主要体现为共建共享,其侧重点是为不断挖掘人的发展潜能创造条件,充分调动人们参与创造的热情和积极性,不断为社会主义建设事业贡献力量,因而要促进实现程序正义,确保权利公平、机会公平、规则公平,实现所有人在起点和过程上的竞争公平。由于社会主义初级阶段社会资源和物质财富尚不充裕,起点公平和过程公平并不能确保结

① [美]约翰·罗尔斯:《正义论》,何怀宏、何包钢、廖申白译,中国社会科学出版社2009年版,第48页。

果公平的实现,只有到了共产主义社会的高级阶段,真正的结果公平和程度正义才能最终得以实现。但社会主义分配制度为实现程序正义和结果公平创造了有利条件,社会主义社会实行计划和市场相结合的经济体制,在公有制的制度保障下和以人民为中心的发展思想指导下,初次分配领域保证程序正义和过程公平,从而有助于在结果上促进实现所有人共享发展机会和发展成果,同时在再分配政策的作用下,社会的分配结果将得到不断调节和完善,从而使程序正义和结果的相对公平能够得以实现。

三、分配公平是实现共享发展的核心要义

分配公平问题伴随社会分工的出现而存在,与社会生产力发展水平和所有制的性质相适应,因而是动态的、具体的和历史的。资本主义社会发展早期,社会以"理性经济人"假设为出发点,形成了以维护社会秩序、增进社会总体功利水平为目的的分配公平理论,其实质是维护资本主义大工业的发展利益。随着现代性的展开和资本逻辑内在矛盾的凸显,为了掩盖这一冲突和弊端,当代西方形成了以维护自由平等权利和机会的分配公平理论。而在社会主义公有制的制度基础上和落实共享发展理念的时代背景下,分配公平以促进社会生产力发展为基本立足点,以公有制为基础,以按劳分配为主要实现形式,旨在促进实现全民共建共享。

社会产品的享有方式本质上来说是由社会分配关系所决定的。分工发展的不同阶段形成了不同性质的所有制形式,人们结成了不同性质的社会关系,这种关系包括生产资料和劳动产品的分配关系,而一定性质的分配关系则是对生产资料所有制关系的反映,在不同所有制条件下人们占有生产资料和享有社会发展成

果的方式并不相同。原始社会由于社会生产力水平低下,全体社会共同占有、使用生产资料,共同从事劳动,在这种所有制条件下,生产的产品为社会成员共同所有共同享用,社会成员之间彼此平等,没有阶级,没有剥削。奴隶社会奴隶主占有一切生产资料包括社会生产工作者,所有社会成员共同使用生产资料自由从事生产劳动的情况已经不复存在,奴隶主剥削奴隶的强迫劳动成为劳动的主要形式,奴隶主享有社会中的权利和财富,奴隶自身则一无所有。封建社会封建主占有社会主要生产资料和部分占有社会生产工作者,农奴使用自己的劳动工具从事生产活动并提供给封建主自己收成中的一部分,封建主靠剥削农奴为生,农奴只享有自己所生产产品的一小部分。资本主义社会生产资料为资本家所占有,但其不在人身上占有劳动者,工人以雇佣劳动的形式受雇于资本家,在雇佣劳动制度下,工人为自己生产着生活资料,同时也为资本家生产着剩余价值,工人生产的社会产品在资本家和工人之间进行着不平等分配和享有。社会主义公有制主体地位的确立摆脱了私有制条件下不平等的分配和占有关系,从而为实现共享发展奠定了制度基础,全体社会成员在共建过程中共享社会发展成果。

公有制条件下分配公平的实现形式是社会共享程度和水平的集中体现。生产资料公有制消除了社会不平等的基础,为实现分配公平和全民共享提供了制度基础,公有制条件下社会剥削不复存在,全体社会成员之间共享社会生产资料和社会产品,但受社会生产力发展水平的限制,分配公平和全民共享在实现程度和层次上呈现出渐进性的特征。在共产主义第一阶段,分配公平是通过商品经济不存在条件下的等量劳动相交换来实现,也即按照劳动的贡献进行社会基本消费品的分配,这种分配原则与不发达的社会生产力水平相适应,确保了人与人之间的平等权利和平等机会,但是形式上的权利平等实际上允许不平等的存在,因而在这一阶段,全民共享是在基本制度方面得以实现,而人与人之间实质的不平等仍然存在,这也就意味着共享发展是在满足人的基本生活需求的层次上得到实现,高水平的以满足人的多样化、个性化需要的共享发展尚未得到真正实现。现阶段我国正处于社会主义初级阶段,公有制和按劳分配的主体地位确保了社会主义社会的性质和劳动者的平等地位,多种所有制和多种分配方式并存则有助于促进社会生产效率,但在现有的生产力发展水平和市场机制的作用下,社会分配关系仍是以商品交换形式得以实现,因而分配公平只能够实现形式上的平等,尚不能达到实质平等,这一阶段人们所能实现的共享在层次上仍处于较低水平。

居民收入分配公平是实现共享发展的基础内容。分工在社会发展过程中具有双重效应,一方面分工促进了社会生产力的发展,另一方面只要分工不是自愿而是自然形成,个人特殊利益和社会共同利益之间就会产生分化,马克思在《德意志意识形态》中指出:"与这种分工同时出现的还有**分配**,而且是劳动及其产品的**不平等**的分配(无论在数量上或质量上)。"①现阶段分工仍然存在,虽然公有制主体地位的确立确保了劳动者之间的平等地位,但不平等集中体现在产品的分配上或者居民的收入分配上。在新时代人民对美好生活的需要日益多元化的条件下,共享既是全民共享也是全面共享,既涉及社会中的全体成员,同时也关涉全体成员生活的各个领域和各个方面,而收入是最为根本的方面,因此收入分

---

① 《马克思恩格斯选集》第 1 卷,人民出版社 2012 年版,第 163 页。

配构成了实现共享发展最主要的内容。一方面,收入分配问题从发展的可持续性上关系到实现共享发展的物质基础。投资和出口的过多过快增长容易使经济增长产生较强的依赖性,长期将会形成经济增长的内生动力不足,由消费需求所带动的经济增长将会形成经济的稳健增长,消费需求的形成则与居民收入水平和收入分配公平程度密切相关,居民收入水平较高,增长速度较快,整个社会收入分配越公平,从而形成稳定的消费需求;反之,则相反。另一方面,一定时期内居民人均收入水平和社会收入分配的公平程度是衡量共享发展实现程度的重要参考指标,从居民收入分配的数量来看,居民人均收入水平越高,并且收入分配越公平,也就意味着共享发展在现实社会中得到较好地实现;反之,则相反。从居民收入分配的结构来看,公正合理既关涉全体社会成员的收入水平和生活水平,也关涉社会公平正义的实现,更关涉全体社会成员的精神获得感的增强和经济社会的持续健康发展。

构建合理有序的收入分配格局是落实全民共享的重要标识。当前在我国实现分配公平集中表现为构建合理有序的收入分配格局,构建合理有序的收入分配格局有助于实现全体人民共享发展权利、发展机会和发展成果,因而是实现全民共享的重要标识。构建合理有序的收入分配格局具体表现为起点上的公平正义,过程上的规则公平、机会平等以及结果上的公正合理。起点公平是要保证全体人民平等地享有社会公共服务和资源,获取平等的发展权利,实现在竞争起点上的公平正义。过程公平是要保证全体人民公平地参与竞争,遵守同等的竞争规则,破除不合理的体制和政策对自由竞争的限制,实现所有参与者共享平等的发展机会。由现阶段社会生产力发展水平所决定,我国社会的收入分配结果尚不能实现实质上的平等,并且实践经验证明平均主义的分配政策也是行不通的,因而只能通过合理的程序设计实现公正合理的分配结果。结果上的公平合理则表现为在公平的起点保证下,借助于合理的程序设计,使分配结果能够与劳动者的付出和贡献相匹配,并通过政府的再分配政策对初次分配结果进行二次调节,从而使社会的收入分配格局既能促进效率提升,同时又使收入差距保持在合理的范围内,形成全体社会成员共享发展成果的分配结果。

四、分配公平是落实共享发展的现实动力

社会分配连接"占有"与"享有",分配公平推动社会发展成果的"享有"与生产资料的"占有"相适应,生产资料的"占有"与生产力发展水平相适应,也即实现生产力与生产关系的有机统一,分配连接"生产"与"消费",分配公平推动实现社会供给不断实现满足人的主观需要的目的,不断促进在共建中实现共享,在实现共享中迈向共同富裕。

第一,共享发展的制度基础在促进分配公平的矛盾运动中得以实现。分配公平是在生产力与生产关系、经济基础与上层建筑的矛盾运动中得以实现的,正是这一矛盾运动为共享发展的实现奠定了制度基础。马克思批判拉萨尔等把分配问题诉诸于"平等的权利""公平的分配"等抽象的法权概念,认为这是一种本末倒置、舍本逐末的现象,分配公平既从分配过程和分配结果两个方面满足实现全民共建共享的发展要求,同时也不断反作用于社会生产方式的发展变革,从而为实现共享发展奠定制度基础。一定社会制度下所能实现的分配公平的具体内容由社会生产方式的内容所决定,"改变了的分配将以**改变了的**、由于历史过程才产生的新

的生产基础为出发点"①,而一定社会生产方式的形成则是在生产力与生产关系的矛盾运动中最终得以确立,"社会的物质生产力发展到一定阶段,便同它们一直在其中运动的现存生产关系或财产关系(这只是生产关系的法律用语)发生矛盾。于是这些关系便由生产力的发展形式变成生产力的桎梏。那时社会革命的时代就到来了"②,正是在生产力与生产关系的矛盾运动中,推动着社会生产关系的不断发展,进而推动生产资料所有制结构的发展变革,在这一矛盾运动过程中,我国选择了社会主义,确立了生产资料公有制在社会中的主体地位,公有制的确立实现了生产资料由全体社会成员共同占有,这种占有将为实现全民共建共享奠定坚实的所有制基础。

第二,社会供给与主观需要的矛盾在促进分配公平的过程中得到统一。党的十九大报告指出:"我国社会主要矛盾已经转化为人民日益增长的美好生活需要和不平衡不充分的发展之间的矛盾"③,从需求方面来看,随着我国社会生产力的不断发展,人民美好生活的需求更加全面和多样化,单纯的经济增长无法满足人民多样化的社会需求,对精神层面和对社会公平正义的需求日益强烈,但在供给方面,我国经济社会发展存在不均衡和不充分的发展现状,一方面经济领域发展过快,其他领域的发展和完善程度难以与经济发展的规模和速度相协调,并且经济发展的质量和效益整体不高,低端供给难以满足人民个性化、多样化的社会需求,全面共享难以得到充分实现;另一方面,我国经济发展呈现出不均衡的

---

① 《马克思恩格斯文集》第 8 卷,人民出版社 2009 年版,第 209 页。

② 《马克思恩格斯选集》第 2 卷,人民出版社 2012 年版,第 2—3 页。

③ 习近平:《决胜全面建成小康社会　夺取新时代中国特色社会主义伟大胜利——在中国共产党第十九次全国代表大会上的报告》,人民出版社 2017 年版,第 11 页。

发展现状,区域、城乡之间以及城乡居民内部存在较大的发展差距,这一差距突出地表现在居民收入分配领域,收入差距和分配不公的存在影响居民提升社会生活水平、增强精神获得感,不利于实现全民共享发展成果、促进社会公平正义。而在一个社会中实现分配公平既有助于增加社会供给,也有助于不断满足主观需要,从而实现供求矛盾在促进分配公平的过程中不断得到解决。从增加社会供给来看,促进分配公平意味着分配关系作为"生产关系的反面"适应社会生产力发展的客观要求,有助于推动社会生产力的发展,实现社会供给的大规模增加。从满足主观需要来看,实现分配公平,有助于推动实现社会财富在全体社会成员之间的均衡分配,避免出现"富者累巨万,贫者食糟糠"的社会现象,从而促进社会成员生活水平不断提升,满足人民多样化的社会需求。此外,消除分配不公推动实现社会分配更加合理,满足了人民对实现社会公平正义的内在要求,有助于增强人民的幸福感和获得感。

第三,共建与共享统一于分配公平。价值创造与价值分配是与马克思劳动价值论相关联的两个基本问题,这两个问题既相互区别,又相互联系,价值创造回答的是价值来源问题,其理论基础是劳动价值论,这一问题从属于社会生产领域;价值分配回答的是价值归谁所有的问题,其理论依据是所有权,这一问题从属于社会分配领域。社会生产和社会分配是紧密相连、密不可分的,"分配关系本质上和这些生产关系是同一的,是生产关系的反面"[1],分配关系不仅包括对社会消费品的分配,而且包括对生产资料的分配,在资本主义私有制条件下价值创造与价值分配通过资本逻辑

---

[1] 《马克思恩格斯选集》第2卷,人民出版社2012年版,第648页。

实现相互联结,资本逻辑是以资本家和雇佣工人之间不平等的关系得以展开。社会主义公有制条件下价值创造与价值分配的关系表现为共建与共享的关系,共建的过程是价值创造的过程,人们在这一过程中结成一定性质的社会生产关系,促进社会生产力发展和社会生产效率提升是其基本目的,共享的过程则是实现价值分配的过程,这一过程使社会生产关系的性质得以体现,满足全体社会成员的需要是其本质目的。对社会生产资料的分配既表现为共建的前提和基础,同时也决定了社会实现共享的程度和水平,从作用与反作用的角度来看,实现社会发展成果在社会成员之间的公平分配、促进实现全民共享,有助于调动全民参与共建的积极性,全民共建与共享在社会分配公平中得到有机统一,并且在不断提升共建水平和共享层次的同时推动社会逐步走向共同富裕。

第四,分配公平连接了从共享到共富的实现路径。生产资料公有制是实现共享和共富的制度基础,高度发达的社会生产力是实现共享和共富的前提条件,"实现共享共富的基本条件主要有两条:一是要快速发展生产力,强调物质生产是社会存在和发展的基础,生产力是历史发展的根本动力","二是坚持以公有制为基础,坚持以按劳分配为主,实现公平正义,让所有人都过上富裕平等的美好生活"①。马克思在批判私有制条件下的雇佣制度的基础上设想了未来社会在废除私有制的条件上将实现所有社会成员共享社会财富的发展状态,"一个新的社会制度是可能实现的……而且在这个制度之下……通过有计划地利用和进一步发展一切社会成员的现有的巨大生产力,在人人都必须劳动的条件下,

① 刘建武:《习近平共享发展思想的历史由来与重大意义》,《马克思主义研究》2018年第3期。

人人也都将同等地、愈益丰富地得到生活资料、享受资料、发展和表现一切体力和智力所需的资料"①，"由社会全体成员组成的共同联合体来共同地和有计划地利用生产力；把生产发展到能够满足所有人的需要的规模；结束牺牲一些人的利益来满足另一些人的需要的状况；彻底消灭阶级和阶级对立；通过消除旧的分工，通过产业教育、变换工种、所有人共同享受大家创造出来的福利，通过城乡的融合，使社会全体成员的才能得到全面发展"②。但这只是关于未来理想社会的设想，现阶段我国仍处于社会主义初级阶段，这一阶段具备了实现共享和共富的制度基础，而从现有的生产力水平来看，尚未达到实现共同富裕的程度，在这一条件下落实共享必然面临着如何公平分配社会财富的难题。由社会生产关系所决定的分配公平兼顾生产力发展与实现全民共建共享，一方面社会财富的公平分配满足了社会发展成果由全体社会成员所共享和实现社会公平正义的发展目的；另一方面社会财富的公平分配确保了社会成员平等占有社会资源、享有社会平等的权利和机会，有助于调动全民参与建设的积极性和创造性，促进社会生产力发展，从而不断向实现共同富裕迈进，因而分配公平在一定的时间和空间范围内为从共享走向共富、化解共享与共富之间的矛盾提供了有效的实现路径。

---

① 《马克思恩格斯选集》第 1 卷，人民出版社 2012 年版，第 326 页。
② 《马克思恩格斯文集》第 1 卷，人民出版社 2009 年版，第 689 页。

第三章　共享发展理念视域下
分配公平的理论蕴涵

分配公平关涉不同群体、不同阶层的利益需求,既是过程评价又是结果评价,既是道德评价又是事实评价,由于各个国家以及同一国家的不同历史阶段,其社会生产力发展水平、社会制度性质、社会发展的阶段性目标等存在较大的差异,因而实现分配公平的实践各具特色。共享发展理念作为中国特色社会主义分配公平的当代实现形式规定了分配公平的时代意蕴和理论内涵。社会主义社会的制度性质和现阶段社会生产力发展水平的客观要求为落实共享发展理念、实现分配公平提供了理论前提,促进社会公平正义是落实共享发展理念、实现分配公平的内在要求,从现阶段分配公平的逻辑前提、内在要求出发,需要、平等和应得构成了落实共享发展理念、实现分配公平的理论内核。

第一节　需要:共享发展与分配公平的内在动力

唯物史观把人的需要看作社会历史发展的逻辑起点,需要构成人生命活动和生产活动的根本动力,并且特定历史条件下产生的需要以及满足需要的方式决定社会关系的性质。在私有制和分工的条件下,满足人的需要只有通过彼此交换劳动产品的方式来实现,这时"把他们连接起来的唯一纽带是自然的必然性,是需要和私人利益"①,需要和个人利益既构成了社会发展的内在动力,但也成为个人与社会分裂的基础,在此条件下生产活动在异己的力量推动下进行,需要表现为异化需要,分配表现为异化的分配。而只有到共产主义高级阶段,生产力高度发达的条件下,满足人的自由全面发展的需要成为最高目标,这时由人的异化需要所产生的社会矛盾才能得到和解。现阶段社会主义条件下需要的动力作用集中体现为需要兼具手段与目的、生产与分配双重使命,一方面需要作为内在动力推动社会生产发展以创造分配的物质前提,另一方面需要作为分配的价值目标和本质目的不断推动实现分配公平与共建共享。

一、需要与生产:消解分配的异化前提

主体需要是马克思政治经济学的重要概念,人的需要既是自然需要,也是社会需要,受社会历史条件的制约,如果仅从人的自然需要来考察主体的需要,则会把主体的需要抽象化,因此马克思除了考察人的自然需要之外,还从社会历史维度考察了人的现实需要。在《资本论》中,马克思把需要分为"自然需要"和"必要需要","自然需要"是从人的生理属性上来说,指的是为了维持主体自身生存的基本生理需要,"必要需要"是从人的社会属性来说,

---

① 《马克思恩格斯文集》第1卷,人民出版社2009年版,第42页。

一方面"必要需要"是社会历史条件的产物,取决于劳动者在社会中的地位;另一方面主体的"必要需要"构成了社会历史发展的内在动力。

主体的需要是人类社会赖以存在和发展的前提。"全部人类历史的第一个前提无疑是有生命的个人的存在"①,这些个人是在现实中从事物质生产活动的个人,因而与动物区别开来。人们从事物质生产活动生产生活资料的方式"首先取决于他们已有的和需要再生产的生活资料本身的特性"②,也即从直观上来看是由人的需要所决定,但人的需要既不同于动物的需要,也不同于唯心主义抽象的爱与友情的需要,人的需要与现实的人的活动紧密相连,个人能够生活就需要创造满足个人生活需要的全部物质资料,个人的需要以及生产个人需要活动方式并不是随意的,而是由社会物质条件所决定,并且个人需要与人的活动相互作用。一方面,人的需要构成了人活动的动力,人的活动受人的需要和既有的社会物质条件所决定,人从事生产活动的首要目的是要不断满足人的需要;另一方面,在满足人的需要的活动中不仅创造了新的社会物质条件、形成了人与人之间的社会关系,而且形成了人的新需要,推动着人的生产活动在新的社会历史条件下持续进行。

资本主义条件下主体的异化需要形成了社会的内在矛盾和冲突,使分配表现为异化的分配。资本逻辑一方面推动着社会生产力的发展和人的需要的满足,使社会生产和主体需要的满足统一于社会发展过程之中;但另一方面也形成了生产和需要之间的背离,资本逻辑下人的生产活动表现为异化劳动,主体的需要成为异

---

① 《马克思恩格斯选集》第 1 卷,人民出版社 2012 年版,第 146 页。
② 《马克思恩格斯选集》第 1 卷,人民出版社 2012 年版,第 147 页。

化的需要,并且这一异化劳动和异化需要内在地包含着多重矛盾与冲突。首先,主体的异化需要推动着生产力和交往形式之间矛盾与冲突的发展。在生产力不断发展和交通状况不断完善的情况下,由社会整体文化状况所决定的人的需要的日益发达推动了社会分工的进一步发展,生产和交往相分离,社会交往范围的日益扩大使工场手工业获得较大程度的发展,人们的社会需求无论是在质量上还是在数量上都得到了发展,特别是在当时大工业发展比较集中的英国,随着交往的扩大,这里越来越转变为相对的世界市场,形成了对这个国家产品的世界需求,这种超过既有生产力发展水平的需求在科学理论创新的助推下促进了大工业的蓬勃发展,大工业的发展把每个人的需求都变成依赖于世界的需求,并把所有的社会关系都变成货币关系,自然科学隶属于社会资本,工人隶属于资本家,正是在这一过程中,社会生产力的发展和工人阶级的贫困同时存在,社会化大生产和生产资料私有制的矛盾凸显,私有制成为大工业发展的桎梏。对此马克思认为"一切历史冲突都根源于生产力和交往形式之间的矛盾"①,"生产力与交往形式的关系就是交往形式与个人的行动或活动的关系"②,个人活动取决于人的需要,也即人的需要推动了社会的矛盾运动,而在资本主义社会这种需要表现为异化需要。

其次,主体需要在推动分工产生和生产力发展的同时,形成了社会中不同阶级的利益对立与冲突,使分配表现为异化的分配。分工越细致、越摆脱自然痕迹,社会中的阶级对立就越明显,并且随着人口的增长和生产效率的提高,社会需要随之不断增长,分工

---

① 《马克思恩格斯选集》第 1 卷,人民出版社 2012 年版,第 196 页。
② 《马克思恩格斯选集》第 1 卷,人民出版社 2012 年版,第 203 页。

也将进一步发展,但"**分工使精神活动和物质活动、享受和劳动、生产和消费由不同的个人来分担这种情况不仅成为可能,而且成为现实**"①,市民社会中除了存在物质劳动和精神劳动的分工之外,还存在城乡之间的分工。城乡之间的对立突出表现为资本脱离于地产而只依赖于劳动和交换而存在,随之而来的是从农村土地制度中脱离出来重新获得自由的劳动力除了自身特殊的劳动之外,没有任何别的生存资本,为了满足自身的生存需要必须要委身于城市中的行业组织,靠出卖自身的劳动获取物质生活资料,这就使资本家阶级和工人阶级之间的矛盾日益凸显。同时,异化的需要在推动社会生产发展的过程中产生了社会分配的极大差距,分工的发展不仅产生了个人特殊利益和社会共同利益之间的分化,而且使人自身的活动同人发生了异化。"人本身的活动对人来说就成为一种异己的、同他对立的力量,这种力量压迫着人,而不是人驾驭着这种力量"②,人是在一种外在的强制力量下从事生产活动,这种活动并不是依赖于人的意志,而是在违背人的意志的条件下进行的,人的活动演变为资本支配下的劳动,这就使资本的累积和贫困的累积同时发生,在社会中仅仅依靠劳动为生的人在资本的盘剥和竞争之下陷入无止境的贫困之中,"甚至连有限地满足自己的需要的可能性都被剥夺"③,而这种贫困越发达,社会中不同阶级之间的对立和冲突就越激烈,消灭这种贫困的力量也就越强大。

需要与生产之间的矛盾构成了现阶段我国社会的主要矛盾。

① 《马克思恩格斯选集》第1卷,人民出版社2012年版,第162—163页。
② 《马克思恩格斯选集》第1卷,人民出版社2012年版,第165页。
③ 《马克思恩格斯选集》第1卷,人民出版社2012年版,第166页。

公有制的主体地位决定了社会主义条件下的主体需要和社会生产力发展的矛盾是制度属性保持不变前提下社会内部的矛盾运动，二者的矛盾与对立体现在双方实现程度的不同步。社会主义制度下，需要的主体和推动社会生产力发展的主体具有一致性，是全体社会成员，但主体需要满足的程度和社会生产力发展水平之间却存在较大的差异。党的八大报告指出："我们国内的主要矛盾，已经是人民对于建立先进的工业国的要求同落后的农业国的现实之间的矛盾，已经是人民对于经济文化迅速发展的需要同当前经济文化不能满足人民需要的状况之间的矛盾"[①]，党的十一届三中全会后，"在社会主义改造基本完成以后，我国所要解决的主要矛盾，是人民日益增长的物质文化需要同落后的社会生产之间的矛盾"[②]，党的十九大报告指出："中国特色社会主义进入新时代，我国社会主要矛盾已经转化为人民日益增长的美好生活需要和不平衡不充分的发展之间的矛盾"[③]，这种差异反映了我国社会生产力发展水平落后于人民需要发展的程度和水平，生产力发展的不充分和不均衡性在满足主体需要方面表现为社会财富分配的不均衡和不充分，同时这一差距也从侧面反映了满足主体需要是社会生产力发展的首要目标以及主体需要在提高生产效率、促进生产力发展方面的动力作用。

在公有制条件下需要与生产的双向互动不断消解着分配的异

---

① 中共中央文献研究室：《建国以来重要文献选编》（第九册），中央文献出版社 1994 年版，第 341 页。

② 《中国共产党中央委员会关于建国以来党的若干历史问题的决议》，人民出版社 1981 年版，第 54 页。

③ 习近平：《决胜全面建成小康社会　夺取新时代中国特色社会主义伟大胜利——在中国共产党第十九次全国代表大会上的报告》，人民出版社 2017 年版，第 11 页。

化前提,为实现分配公平创造坚实的物质基础。公有制代替私有制成为社会主要的所有制形式,使生产活动不再表现为资本支配下的异化劳动,需要不再表现为利润主导的异化需要,生产与需要表现为主体"物化"和客体"人化"的有机统一。一方面,需要是生产、客体"人化"是主体"物化"的内在动机和目的,在任何社会形态下,无论生产主体的动机和意图多么复杂,实现生产物品的"人化"是社会生产必须要实现的最终目的,任何其他的动机都是建立在这一动机实现的基础之上,满足主体的消费需求既是社会生产完成的象征,也是生产得以进行的内在动机,异化劳动前提下的生产和需要常常处于矛盾和对立状态,虽然需要作为内在动力推动着社会生产的发展,但本质上生产的目的不是满足人的需要,而是实现资本的增殖,因而在资本主义生产方式内部危机周期性地发生,以调节生产和需要之间的内在矛盾。另一方面,生产是需要得以满足的前提和基础,生产是主体"物化"的过程,在公有制条件下,虽然"物化"不再表现为最终目的,实现"物化"的"人化"才是生产的最终目的,但"物化"为社会分配和实现"人化"创造了必要的物质前提。在不同的社会生产方式下,"人化"的对象和方式各不相同,社会生产既创造了主体需要的对象及其对象的发展变化,而且决定了主体需要得以满足的方式,也即分配方式和消费方式,"消费资料的任何一种分配,都不过是生产条件本身分配的结果;而生产条件的分配,则表现生产方式本身的性质"①,在公有制条件下,由生产资料的占有方式所决定,生产过程不再表现为物对人的奴役,分配过程不再表现为人对人的剥削,"物化"的"人化"

---

① 《马克思恩格斯选集》第 3 卷,人民出版社 2012 年版,第 365 页。

也不再表现为异于自身本质需要的对象化，而是表现为"物化"服务于"人化"的现实要求。

二、需要与共享：体现分配的本质目的

《哥达纲领批判》中马克思设想在未来共产主义社会的高级阶段，生产力高度发达、社会分工和脑力、体力劳动之间的对立逐渐消失，劳动成为人生活的第一需要，而不再是谋生手段，这时将实行"各尽所能，按需分配"的分配原则，在这一阶段，每个人将处于自由自觉的发展状态，在生产过程中各尽所能，分配关系的存在不再仅仅把人的需要当作促进社会生产力发展的手段，而是当作目的本身，因而这里的"需要"是最符合人的本质和最利于实现人的自由全面发展的需要，需要和共享在最高层次实现了具体的、历史的统一。与马克思主义的需要理论不同，当代西方政治哲学把马克思的需要理论演变为抽象的需要原则作为分配的手段，调节社会分配领域的矛盾，其既不从社会生产力发展角度考察需要的动力作用，也不从生产关系和分配关系角度考察需要的人本属性，因而在实际的分配过程中需要原则无法使以人民为中心的共享发展理念得到真正落实。

不同于马克思把需要和社会生产过程相结合进行历史性地分析，近代西方分配理论仅仅把需要看作脱离社会生产环节而只在共同体中发挥作用的抽象的分配手段。沃尔泽把社会承认的需要看作分配正义的原则，并且不是所有的东西都可以按照人们的需要进行分配，比如权力、名誉、机会等各种稀缺昂贵奢侈的东西，这些东西只能由国家进行公共供给，对于在个人之间进行分配的供给则是依据需要原则来进行，适用需要原则必须满足两个基本的

条件,一是需要必须是社会所承认的需要,二是只有处于某个共同体的成员才能适用这一原则,对于这种共同体"社群主义论证的前提条件是成员资格"①"契约主义论证的前提条件是契约"②。戴维·米勒将社会公平原则分为应得原则、需要原则和平等原则三个子原则,需要原则是对分配中所产生的道德上不应得的补偿,依据人们的需要进行补偿,可以使其在社会中过一种最低限度的体面的生活。这三个原则在一般情况下应得是第一位的,需要是第二位的,但在社会成员由于自己的选择无法确保最低限度的体面的生活时,需要则是第一位的,平等原则被置于应得原则和需要原则之后,为了满足应得和需要,有时候则会牺牲掉资源分配的平等。柯亨在阐述社会主义平等观时提出了共享原则,"而共享原则的背后是共同体以及需要原则的支撑"③,并且其批判德沃金的市场机制无法充分满足人民的需要和偏好,但并没有否定其应得原则,原因在于市场机制下的应得原则和需要原则是相容的,应得原则要受需要原则的支配。综上所述,西方社会的分配理论把需要原则仅仅作为调和社会矛盾和不同分配原则冲突的手段,而不从社会生产关系的历史性发展方面进行考察,这一原则被看作脱离社会生产发展实际的抽象的分配正义原则,适用于一切共同体的分配正义实践,只要共同体存在,需要原则就会发挥作用,且不受社会生产力发展水平的限制,因而这种抽象的需要原则不涉及对分配方式性质的考察,而不从分配方式乃至生产方式本身来考

---

① 姚大志:《分配正义的原则:平等、需要和应得——以沃尔策为例》,《社会科学研究》2014年第2期。

② 姚大志:《分配正义的原则:平等、需要和应得——以沃尔策为例》,《社会科学研究》2014年第2期。

③ 齐艳红:《需要原则主导还是应得原则主导》,《马克思主义与现实》2017年第4期。

察分配原则,就无法真正落实以生产力发展为前提的共建共享。

马克思的按需分配理论与西方分配理论中的需要原则之间存在本质差异。二者的共同之处在于从抽象的角度来看都是通过对可以析分的对象进行分配以达到满足主体的需要为目的。除此之外,二者之间存在诸多不同。首先,西方政治哲学的需要原则与按需分配的立足点不同。马克思在《哥达纲领批判》中设想的按需分配原则是从社会生产方式历史发展演变的视角进行分析,按需分配本质上属于社会生产方式的范畴,与高度发达的社会生产力水平相适应,是对按劳分配原则局限性的超越,体现了劳动的主体性本质,是共建和共享的有机统一。从需要的实现以高度发达的社会生产力和人的充分实现为前提来看,按需分配原则是对人类未来社会理想状态下关于各领域分配的抽象原则,是社会唯一通行的最高的分配原则,没有其他分配原则可以与之相平行或相冲突。而西方政治哲学家对需要原则的分析是从既有的社会条件出发,借助于不同的理论假设和理论前提对需要原则的社会基础和合理性进行论证,并形成了其他不同的分配原则,这些原则和理论之间常常既相互交叉又相互冲突,西方政治哲学试图把需要原则作为抽象的分配原则,通行于一切社会形态下对某一领域或者某些物品进行分配的过程,但其并不是通行于社会分配领域的唯一的分配原则,还有别的具体的分配原则与之并存,或相互排斥,或相互配合,因而这种需要原则不涉及社会分配结构的整体,只是社会分配中的一个环节或一个方面,是否实现或在多大程度上实现全民共享并不在其考察范围。其次,按需分配和需要原则中对"需要"的界定是不同的。按需分配中的"需要"与人的本质相联系,生产和分配是否以满足人的需要为目的决定了共享在多大程度上得到实现,分配中人的需要的不断满足与实现人的自由全面发展是同一个过程,需要不指向任何具体的物品,而是包括与实现人的自由全面发展相联系的社会各方面。西方政治哲学的需要原则对"需要"的界定不涉及人的本质及其实现问题,是具体层面的需要,如权利、财富、公共物品等具体的可以析分的东西,因而是对人的某种或某层次具体需要的满足。比如,米勒把需要原则看作再分配的一种手段,用以确保每个人最低限度的体面的生活,沃尔泽则把需要原则作为分配社会公共产品的原则,罗尔斯把需要原则作为衡量最少受惠者的效用水平的依据,需要原则被看作实现公平的正义的补充原则。

社会主义条件下需要与共享在社会生产发展过程中实现了有机统一,以满足人的需要为目的的生产不断消解着分配异化的前提,进而在推动社会生产关系完善发展过程中为实现分配公平和共建共享提供制度保障。社会主义条件下满足社会成员的需要既不是马克思所设想的按需分配原则,也不是适用于当代西方社会的抽象的需要原则,而是建立在一定性质的社会生产关系和一定程度的社会生产力发展水平之上,以最大限度地满足人民需要、实现全民共建共享为目的的分配原则,是马克思按需分配原则在当前发展阶段的具体体现,体现了社会主义条件下分配的制度属性和本质目的。需要本身既是目的也是手段,从目的的角度来看,满足主体需要是对贡献原则局限性的超越,有助于纠正社会分配结果的不平等,推动实现全民共建共享。从手段的角度来看,一方面,需要的内容本身是由社会生产力发展水平所决定;另一方面,不断创造条件满足人的需要有助于促进社会生产力的发展。在共建共享的时代背景下,满足主体需要既贯穿于分配过程中,也落实在分配结果上,在过程中表现为对公平合理的分配程序的主观要求,在结果上表现为对分配结果符合道德判断上的公平合理的内在价值诉求。

社会主义市场经济条件下,在分配过程上满足主体需要表现为全体社会成员共享权利公平、规则公平、机会公平。权利公平要求主体作为社会成员平等地享有社会基本自由,受到"平等地对待",机会公平要求主体之间平等共享实现自身发展的机会,规则公平要求社会规则的制定使平等的个人公平地参与社会竞争。在分配的结果上,满足主体需要则表现为对分配结果的纠正以确保实现全体人民共享发展成果的目的。收入差距过大和分配不公的持续存在是社会主义初级阶段发展市场经济必然出现的现象,同时收入差距较大持续存在使高收入者对所能享受到的效用的满足程度不断递减,低收入者在享有效用方面明显不足,因而阻碍实现最大限度地满足全体社会成员现实需要的目的,而这种差异和不足单靠个体自身的力量无法加以改变,必须通过完善政府的转移支付手段来实现,因而满足主体需要成为政府利用转移支付等手段发挥再分配作用的内在依据,满足主体需要的最低限度是要确保实现全体人民能够维持最基本的正常生活,最高限度则是在提高每个人满足程度的基础上实现社会整体效用水平的最大化和最终实现每个人的自由全面发展。

三、需要与发展:形成分配的可靠基础

需要解决的是发展的动力和目的问题,在这一点上,发展和生产具有同一性,但从生产与发展的作用范围来看,生产是从空间角度进行分析,解决的是主体改造客体的问题;发展则是从时间角度

分析社会生产问题,解决的是生产的持续性和动态变化的问题。当前发展问题集中体现为现代性的展开以及由此产生的现实困境,满足人的需要成为化解这一困境的有效手段,从而不断推动实现社会均衡发展,为分配公平提供可靠的物质基础。

现代性的展开既为满足主体需要创造了物质条件,但也造成了现代经济发展的困境和主体需要的片面化与异化。伴随商品—资本关系的发展,现代性在全球范围内得以形成,其发展过程就是资本逻辑在时间和空间上展开的过程。在进步性方面,现代性推动了生产力的发展和社会的全面进步,促进了人的需要优化升级。正如马克思在《共产党宣言》中所指出的,"资产阶级在它的不到一百年的阶级统治中所创造的生产力,比过去一切世代创造的全部生产力还要多,还要大"①,"由于一切生产工具的迅速改进,由于交通的极其便利,把一切民族甚至最野蛮的民族都卷到文明中来了"②,人们获取了比封建宗法特许下更为广泛的交换自由,在资本的作用下,自然界不断被人化以更好地满足人的需要,一些旧的生产方式不断被摧毁,新的生产方式和社会关系不断被形成,社会生产力和人的需要在世界范围内得以实现并不断向前发展。在现实弊端方面,资本逻辑的全面展开形成了现代社会人对物的关系的对象化和异化,在这种对象化的过程中人们摆脱了传统的地缘和血缘联系,成为普遍联系的社会存在,但这种个体的社会化存在受商品—资本关系的影响呈现出人对物的依赖和物对人的奴役,"资本成为现代特殊的以太和普照之光"③,主体自身的社会属

---

① 《马克思恩格斯选集》第1卷,人民出版社2012年版,第405页。
② 《马克思恩格斯选集》第1卷,人民出版社2012年版,第404页。
③ 罗骞、滕藤:《资本现代性的辩证逻辑》,《广东社会科学》2018年第3期。

性是在资本逻辑下得以展开,抽象的劳动成为支配一切的力量,劳动力表现为外在于人的独立的商品,受资本的奴役和驱使,主体的需要在商品货币关系中得以实现,一切社会生产和人的生产服务于资本增殖和盈利的社会需要,因而伴随现代性在资本逻辑中的展开,现代性内部的分裂和张力日益凸显。

现代性所表现出的分裂和对立直接体现为抽象劳动和主体需要之间的矛盾。现代性的内在张力根源于资本逻辑,资本在竞争机制和增殖动力的作用下,借助于抽象劳动建立了人与人之间的联系与交往形式,并且使活劳动依附于抽象劳动而存在,但由资本逻辑所支配的资本主义运行规律内在地包含着抽象劳动与主体需要的矛盾与冲突。资本追求剩余价值的本性推动着资本有机构成不断提高,而不变资本的增加快于可变资本的增加,这就意味着生产过程中所使用的劳动力的数量减少,从而使利润率降低,但这并不会使社会的利润总量减少,因为在利润率降低的情况下,资本增殖的本性会加速资本的积累与集中,形成了扩大的资本生产,以实现资本价值的保存和增殖,正是这样一个过程形成了工人的被剥夺和普遍贫困,并且劳动者的需要从来都只是资本生产的手段,而不是其内在目的,因而在资本积累过程中常常会出现资本过剩和人口过剩并存的情况,但这两者之间的真正矛盾是支配形成资本生产过剩的内在规律与人的社会需要之间的矛盾,"资本主义生产不是在需要的满足要求停顿时停顿,而是在利润的生产和实现要求停顿时停顿"[1],"我们看到,机器具有减少人类劳动和使劳动更有成效的神奇力量,然而却引起了饥饿和过度的疲劳。财

---

[1] 《马克思恩格斯选集》第2卷,人民出版社2012年版,第511页。

富的新源泉,由于某种奇怪的、不可思议的魔力而变成贫困的源泉"①,这种矛盾在资本主义生产方式内的解决最后只能以生产停滞和商业危机的形式来实现。

发展社会生产以满足主体需要成为化解现代性危机的有效手段。面对现代性在社会生产领域中所表现出的危机,后现代主义诉诸"理性批判"以求化解现代性危机,企图实现现代性积极效果和消极效果的和解,但由于后现代主义仅诉诸纯粹观念的批判,没有深入社会更深层次和领域进行分析,因而这种想法难以实现。马克思则从政治经济学角度对现代性的弊端进行批判,"把矛头直接指向现代社会的存在论的根基"②,从现实社会的社会生产方式和资本的运行规律中总结出现代性自身所包含的矛盾和对立,马克思提出要在废除私有制的基础上摆脱抽象劳动对人的奴役以实现劳动解放,在实现劳动解放的条件下,人的需要将成为社会生产和发展的唯一动力,人们在需要的引导下从事社会生产,进行产品分配。当前,由于我国仍处于社会主义初级阶段,尚不具备马克思所设想的劳动解放和按需分配的社会历史条件,社会主义市场经济体制仍然存在,自由竞争是市场经济的基本原则,为了适应这一发展现状,我国实行了有助于促进社会生产率水平提高的经济政策、所有制形式和分配方式,在促进社会生产力发展的同时,不断提升人民需要的层次和水平,需要代替利润成为促进社会生产力发展和产业结构优化升级的重要动力因素,从而使我国经济社会发展在充分利用现代性发展的积极因素的同时克服其

①《马克思恩格斯选集》第1卷,人民出版社2012年版,第776页。
② 陈学明:《从马克思的现代性批判理论看中国道路的合理性》,《马克思主义与现实》2018年第6期。

不利影响。

　　满足主体需要有助于实现社会均衡发展，为实现分配公平提供了可靠基础。我国是在西方现代文明全球扩张的时代背景下发展起来的，在发展的过程中不可避免地要受现代性的影响，借助于现代性的全球扩张我国从"站起来"走向了"富起来"，反思经济增长过程中的经验教训以及现代性所遇到的危机，在走向"强起来"的时代，既要保留现代性在推动全球生产发展方面的积极作用，同时也要关注作为现代社会发展的动力因素——人的需要。社会主义公有制的建立为满足人的需要奠定了制度基础，虽然尚不能实现把满足人的需要当作目的本身，需要仍具有手段的作用，但在现阶段满足主体需要超越了资本逻辑下仅仅把需要的满足当作实现资本增殖的手段，深深植根于社会主义制度属性之中，是目的和手段的统一。公有制条件下社会发展的本质目的是不断创造社会财富并对社会财富进行公平合理地分配以满足全体社会成员的主体需要，增强社会成员的获得感，实现全民共建共享，这与资本的增殖逻辑存在本质区别，在后危机时代不断推动社会生产以满足主体需要同样有助于化解资本逻辑的内在矛盾。当前，投资、出口、内需共同构成社会的消费需求，成为拉动经济增长的"三驾马车"，而在世界经济低迷、出口受到影响、投资导致生产过剩的情况下，内需成为拉动经济增长的重要动力，因此满足主体需要在一定程度上化解了资本逻辑支配下的社会矛盾与冲突，破除了资本逻辑下社会生产蓬勃发展和主体需要相对萎缩的矛盾规律，为经济发展提供持续的内生动力，推动实现社会均衡发展，从而为实现分配公平提供可靠的发展基础。

第二节　平等:共享发展与分配
公平的衡量尺度

共享发展在其主体维度是面向全体社会成员,在其过程维度要求实现公平正义,公平正义既符合共享发展的内在要求,同时也是现阶段实现分配公平的本质要义。公平正义作为抽象的价值理念需要在一定的制度体系中才能得以实现,在落实共享发展理念、实现分配公平的时代背景下,这一价值理念具体体现为权利、机会和规则平等;但受客观条件的限制,上述三者所形成的公平正义的制度体系只能实现形式上的平等,尚不能达到实质平等,而真正的人与人之间的实质平等只有在共产主义社会的高级阶段才能实现,因此当前在分配过程中以平等为尺度,落实公平正义的价值诉求还需要不断调和形式平等与实质平等的内在张力。

一、以权利和机会平等实现起点公平

现代社会中人与人之间在天赋、所处社会条件等方面难以实现均等划一,社会财富的分配又无法完全避免受先天条件和偶然因素等差异的影响,因此人与人之间必然存在包括财富分配在内的多重差异和不平等,但这并不能否定个体在享有社会基本权利方面是完全平等的,《世界人权宣言》明确指出,"人人生而自由,在尊严和权利上一律平等"[1],在分配体系中,权利平等和机会平

---

① 程味秋:《联合国人权公约和刑事司法文献汇编》,中国法制出版社 2000 年版,第81 页。

等将共同促进实现分配的起点公平。

　　西方政治哲学常常把权利和机会平等看作实现分配公平的逻辑起点,对分配公平或正义问题的讨论建立在对权利或机会平等的理论假定之上。罗尔斯认为,"每个人对与其他人所拥有的最广泛的平等基本自由体系相容的类似自由体系都应有一种平等的权利"①,为了确保权利平等的实现,其通过假定"原初状态"和"无知之幕"试图保持每个社会成员在社会制度中处于平等的地位,并且其把权利平等建立在应得的基础之上,认为公民对由天赋产生的所得是没有权利的,"我们并不应得自己在自然天赋的分布中所占的地位,正如我们并不应得我们在社会中的最初出发点一样——认为我们应得能够使我们努力培养我们的能力的优越个性的断言同样是成问题的,因为这种个性在很大程度上依赖于幸运的家庭和早期生活的环境,而对这些条件我们是没有任何权利的"②。在此前提下,罗尔斯主张机会或地位向所有人开放,只有这样在正义的制度体系下才能保证纯粹程序正义的实现。德沃金认为平等的基础是权利,实现个体之间权利平等包括两个层次的含义:"第一,权利是受到平等对待的权利。这就是说,像其他人所享有的或被给予的一样,每个人有同等分享利益的机会。第二,权利是作为平等的人受到对待的权利。这种权利不是一种简单的平等分配和机会平等的权利,而是在有关这些利益和机会应当如

① ［美］约翰·罗尔斯:《正义论》,何怀宏、何包钢、廖申白译,中国社会科学出版社2009年版,第47页。

② ［美］约翰·罗尔斯:《正义论》,何怀宏、何包钢、廖申白译,中国社会科学出版社2009年版,第79页。

何分配的政治决定中受到平等的关切和尊重的权利"①,并且正是由于其看到了个体在享有权利、资源、财富、机会等方面的不平等,才通过假定"孤岛上的人"来实现人在原初资源占有上的平等,也即人们之间初始权利与机会的平等。

马克思批判平等权利实际上是不平等的权利。权利平等是西方政治哲学的重要理论前提,并且这种平等权利往往被看作应得的权利,其植根于资本主义历史位阶中的"权利"和"自由"观念,正是在"权利"和"自由"价值理念的引导下,对社会诸善的分配才得以按照个人的禀赋、能力、贡献、抱负等因素来进行,整个社会生产在这一价值指引下分工明确,各得其所应得,从表面上看其自身并没有包含任何不平等、不应得、压迫和剥削的因素。但马克思却从政治经济学的角度对这种抽象的平等权利进行了批判,"国民经济学从私有财产的事实出发。它没有给我们说明这个事实。它把私有财产在现实中所经历的**物质**过程,放进一般的、抽象的公式,然后把这些公式当做**规律**。它不**理解**这些规律,就是说,它没有指明这些规律是怎样从私有财产的本质中产生出来的"②。马克思认为,资本主义社会看似平等的权利实质上是建立在财产个人所有的纯粹个人的基础之上,在资本和劳动分离的情况下,"资本具有独立性和个性,而活动着的个人却没有独立性和个性"③,从事活动的个人受资本的奴役和支配,在经过平等的商品流通和买卖之后的商品生产过程中,资本家利用买卖来的劳动力创造剩

---

① 王立:《正义:在权利和平等之间——论德沃金的正义理论》,《学习与探索》2014 年第 8 期。

② 《马克思恩格斯文集》第 1 卷,人民出版社 2009 年版,第 155 页。

③ 《马克思恩格斯选集》第 1 卷,人民出版社 2012 年版,第 415 页。

余价值,并把劳动力创造的剩余价值投入新的生产过程中,开始新一轮的剩余价值的生产,因此,形式上的平等权利实质上包含着带有压迫和剥削性质的不平等、不应得的社会关系。

按照马克思的理论,权利平等是与较低历史位阶相适应的分配原则,在较高历史位阶权利平等这一价值理念虽然仍旧存在,但这时将出现超越权利平等的新的分配原则在社会中发挥作用。对资本主义历史位阶权利平等的存在前提进行批判的同时,马克思并没有完全否定应得平等在未来社会分配中的作用,在《哥达纲领批判》中,马克思指出,"每一个生产者,在作了各项扣除以后,从社会领回的,正好是他给予社会的。他给予社会的,就是他个人的劳动量"[1],个人不再受制于资本的奴役,受禀赋、能力、抱负等因素影响的人的劳动量成为分配的客观依据。由于难以排除人的先天禀赋和社会条件等的差异,"它不承认任何阶级差别,因为每个人都像其他人一样只是劳动者;但是它默认,劳动者的不同等的个人天赋,从而不同等的工作能力,是天然特权"[2],因而坚持权利平等原则必然产生分配结果的不平等,虽然应得平等成为对权利平等的限制,但是马克思并没有否定权利平等在分配中的地位,甚至在共产主义的较高历史位阶权利平等仍然是分配中必须要坚持的价值标准。马克思关于社会分配的最高价值标准是在消除剥削和社会分工的基础上实现"各尽所能,按需分配"的分配理想,这时的分配将以满足人的个性化需要、实现人的自由全面发展为目标,这一目标同样包含着权利平等的基本内涵。在社会存在分工和财富占有存在差异的条件下,权利平等因难以排除禀赋、能力、

---

① 《马克思恩格斯选集》第3卷,人民出版社2012年版,第363页。
② 《马克思恩格斯选集》第3卷,人民出版社2012年版,第364页。

抱负等因素的影响而受不平等的分配结果的限制,而在以实现人的个性化发展的共产主义高级阶段,分配中的不平等为人的自我实现的最终目的所超越,权利平等在更高层次和更加符合人的自由个性的方面得到实现。

现阶段权利平等和机会公平仍受实际上不平等的权利和机会的制约。当前权利平等和机会公平建立在生产资料全体人民平等占有的基础之上,因而社会主义公有制条件下的平等权利与西方社会资本逻辑支配下的平等权利存在不同。在社会主义条件下,全体人民除了享有宪法和法律规定的基本权利平等之外,权利平等还表现为公民非基本权利的平等,也即全体社会成员作为"平等的人"被给予"平等对待",在公有制条件下,这种平等权利既表现为平等地享有原初社会资源,也表现为公平地获取实现自身发展的机会。而在社会主义初级阶段,受客观区位优势差异和宏观经济政策的影响,并且由于不同个体在先天禀赋和社会条件方面的差异,平等享有原初社会资源并不代表实现社会资源占有上的完全相等或者平均分配,平等地获取发展机会并不能确保机会平等的真正实现,公有制的确立为实现所有人在占有社会资源方面"作为平等的人受到平等对待"奠定了制度基础,形成公有制范围内全体社会成员共享原初社会资源;但受各地区不同的社会历史条件的影响,社会成员所能享受到的原初社会资源在数量和质量上是各不相同的,比如,在我国发达的东部地区,作为"平等的人"的社会成员所能享有的社会资源和发展机会比落后的西部地区更多、更丰富。同时,在市场经济条件下,受个人自然禀赋和竞争能力差异的影响,即使实现了所有社会成员在原初资源占有上的平等,在竞争机制下,竞争能力的差异将会形成不平等的竞争结果,平等的发展机会对不同的人来说成为不平等的竞争机会,因而平等的权利和发展机会将受到实际上权利和机会不平等的制约。

为了实现权利和机会平等,既要努力降低全体人民在原初资源占有上的不平等程度,也要创造条件改变既有条件下不利于实现全体人民共享发展机会的现状。现阶段权利和机会平等主要表现为区域之间的"平等对待"和不同个体之间的"平等对待"。在不同区域之间,由于自然地理条件和国家宏观政策等的差异,中西部地区相对于东部地区来说,在社会资源的占有和获取方面较为困难,因而在发展的起点上与东部地区存在较大的差距,特别是教育、医疗、就业环境等有助于推动实现主体自我发展和向上流动的资源分配,这既造成了不同区域人口之间发展权利的不平等,同时也形成了区域之间人们发展机会的不平等。为推动实现所有人在发展权利和发展机会方面的平等,在社会资源不充裕、分配不均的前提下,资源的分配应向长期资源短缺和匮乏的地区倾斜以改善其发展现状,而不是坚持功利主义原则,为了提升社会整体福利水平,不惜牺牲少数人和少数地区的发展权利和发展利益。在不同个体之间,由于个体的先天禀赋、自身条件和家庭背景等各不相同,一部分人的先天禀赋、自身条件和竞争能力等优于另一部分人,甚至还有一部分人丧失劳动能力,不同个体的能力形成了较大的差异,平等的权利和公平的机会对不同的个人来说将是不平等的权利和发展机会,虽然对于禀赋等先天因素所造成的影响无法加以控制,但是对除了禀赋之外的因素应加以调节,如因家庭贫困等原因造成个人在享有社会资源推动自身发展方面的不平等,确保不同个体既受到"平等对待",又享有公平的发展机会。

二、以平等的竞争规则促进过程公平

《现代汉语词典》把规则解释为,"规定出来供大家共同遵守的制度或章程"①,按照这种解释,规则具有普遍约束性,呈现出制度化的表现形式,只有遵守公平的竞争规则才能保证公民在取得收入的程序上是合法的,从而形成公平的分配结果,但规则公平并不是独立存在的,规则与制度紧密相连,是制度理念的具体化。

权利平等是实现规则公平的理念基础。任何程序的设计都包含着一些实质性的内涵,或者是在实质性价值准则的指导下进行的。正如罗尔斯所说:"一种程序的正义总是依赖于该程序之相应结果的正义,或者说依赖于实质正义。"②罗尔斯在其《正义论》中认为,纯粹程序正义具有普遍性的价值,纯粹程序正义是相对于"完善的程序正义"和"不完善程序正义"而言,完善程序正义具有一套保证结果合理的程序,不完全的程序正义并没有一套保证结果合理的程序,在纯粹程序正义的条件下,只要按照其程序执行的结果都是合理的,而关于程序正义自身的合理性的判断,罗尔斯把其建立在两个正义原则基础之上,这两个正义原则其实质就是自由原则和平等原则,罗尔斯希望建立平等的程序以保证社会分配结果的公正合理,而这种程序是由自由、平等的价值理念演化而来,程序或规则并不是没有任何实质性内涵的标准化的竞争规则。同样,诺奇克的"持有正义"理论认为,社会中任何人都没有资格控制所有资源,资源为不同的人所占有,只要资源符合转让和馈赠的程序,对资源的持有便是正义的,诺奇克把程序正义建立在权利神圣不可侵犯的基础之上,程序正义实质上是对主体权利至上的

---

① 《现代汉语词典》第 5 版,商务印书馆 2005 年版,第 514 页。

② Rawls,John,*Political Liberalism*,Columbia University Press,1996,p.421.

反映与维护。

规则公平是实现分配公平的手段。规则公平是权利平等和机会平等在过程上的实现，同时也是实现分配公平的手段。在哈耶克的社会理论中，自由、一般性规则和竞争是构成社会秩序的三个重要条件，"而又由于自由和竞争只有在一般性规则存在的前提下才可能存在，所以我们可以得出结论说，一般性规则乃是有助益社会秩序之生成和存在的必要和充分的条件"[1]"这些规则的特性则表现为一般性、确定性和适用于人人的平等性"[2]。社会主义市场经济秩序下，竞争规则本身分为内容和形式两种，从内容上来说，平等的竞争规则是要确保权利平等和机会公平的实现，从形式上来说，平等的竞争规则表现为正当合理的程序。在落实共享发展理念的时代背景下，维护全体社会成员的平等权利，把人当作平等的人来看待，而不是使人平等，实现所有人的机会平等是制定和执行规则的重要理念指引，权利平等和机会公平能否在现实社会中得到实现，在过程上需要有一套与之相适应的竞争规则，正如沃尔泽所认为的，对于社会诸善中每一种"善"的分配都有其自身的规则，分配规则的执行是为了确保"善"的实现。社会主义市场经济条件下，除公有制经济之外，在其他经济成分中分配得以实现的基本途径是通过市场来完成，自由竞争是市场经济的基本特征，并且自由竞争是以公平的竞争规则为前提，因而规则公平则有助于实现分配公平，即使在商品货币关系不复存在的共产主义社会的第一阶段，社会消费品的分配按照等量劳动相交换的规则进行，分

---

[1] ［英］哈耶克：《自由秩序原理》，邓正来译，生活·读书·新知三联书店1997年版，第27页。

[2] ［英］哈耶克：《自由秩序原理》，邓正来译，生活·读书·新知三联书店1997年版，第26页。

配公平的实现依然依赖于规则公平。

在社会主义市场经济条件下共享平等的竞争规则需要条件约束。共享公平的竞争规则要在内容和形式两个方面满足以下条件:从内容上来说,一方面,建立公平的竞争规则要面向全体社会成员,这既是实现共享发展的内在要求,也是社会主义条件下权利平等的必然选择。社会主义条件下全体社会成员作为社会主义事业的建设者在法律面前一律平等,权利平等不仅表现为应得的平等,而且是以实现全体社会成员的共建共享为目的的平等,因而市场经济条件下,竞争规则要把全体社会成员当作平等的人来对待,平等适用竞争规则,公平参与竞争,排除权力、金钱、名望等因素对实现规则公平的干预。另一方面,公平的竞争规则要致力于实现要素的自由流动和优化配置,在市场经济条件下,要素所有者是生产要素的人格化,只要作为要素的所有者能够平等适用市场的竞争规则,那么生产要素在平等的竞争规则作用下也能够在要素市场得以自由流动和合理配置,在市场自由竞争过程中设置准入门槛和进行主观人为干预都有违公平竞争的内在要求。

从形式上来说,一方面,竞争规则的制定要透明公平,竞争规则的形式是对其内容的反映,内容上的平等属性要求形式上的平等与之相适应,实现形式上的平等要以规则的公平透明为前提,对此哈贝马斯试图通过实现主体间公平对话的形式来确立正义的程序,这种公平的对话以主体的自由参与、自由表达和质疑、共同协商为前提,只要符合在不违背主体意愿并经过主体协商一致同意的决定都是正义的程序,虽然哈贝马斯的程序正义只关注程序本身,忽视了内容的确定性,但对于在规则的内容具有确定性的情况下,确保规则的制定能够准确反映主体的主观意愿和利益要求,具有重要的借鉴意义;另一方面,竞争规则的执行要有退出机制,竞争面向社会所有的参与主体,并且所有主体在竞争规则面前一律平等,而在竞争过程中,优胜劣汰是竞争的必然趋势,与参与主体享有平等的进入权利和竞争机会一样,参与主体在退出机制方面也应一律平等,对于未能适应市场自由竞争规则要求被淘汰的竞争主体,要设定合理的退出机制和程序,鼓励其主动退出以维护竞争规则的公平正义。

三、调和形式平等与实质平等的张力

分配公平既是一个事实判断的问题,也是一个价值评价的问题。由于分配公平是一个系统的指标体系,受主体自身家庭、禀赋、需要等因素的影响,在人类社会的低阶状态分配的程序正义和结果公平、形式平等和实质平等之间张力难以消除,因而在这一时期实现分配公平在结果上主要表现为对遵照权利、机会公平、规则公平的分配程序和公平的分配结果之间张力的合理调节。

在低阶人类社会形式平等与实质平等之间存在张力。商品经济的产生使人摆脱了"人的依赖关系"条件下封建特权所造成的人与人之间的特权平等,也即不平等,形成了基于抽象劳动和等价交换的人与人之间的平等关系,交换的主体、交换的对象、交换对主体需要的满足都实现了平等,而这种平等只存在于以个人私有制为基础的商品经济条件下,在商品经济发展到资本阶段,私有制条件下商品经济所形成的平等将转换为不平等,资本逻辑下的抽象平等观本质上是不平等的。在资本主义商品经济条件下,形式平等与实质平等的矛盾不断凸显,交换领域中的平等关系和生产领域中的不平等关系同时并存,在商品流通过程中资本家和工人

的平等身份与地位以及等价交换关系被商品生产过程中的压迫与剥削所代替，"一离开这个简单流通领域或商品交换领域……就会看到，我们的剧中人的面貌已经起了某些变化。原来的货币占有者作为资本家，昂首前行；劳动力占有者作为他的工人，尾随于后。一个笑容满面，雄心勃勃；一个战战兢兢，畏缩不前，像在市场上出卖了自己的皮一样，只有一个前途——让人家来鞣"①，按照等价交换原则买卖的"活劳动"受"死劳动"的支配，马克思在《资本论》中指出，"资本是死劳动，它像吸血鬼一样，只有吮吸活劳动才有生命，吮吸的活劳动越多，它的生命就越旺盛"②，"活劳动"存在就是为了使"死劳动"发生增殖，"资本主义生产——实质上就是剩余价值的生产，就是剩余劳动的吮吸——通过延长工作日，不仅使人的劳动力由于被夺去了道德上和身体上正常的发展和活动的条件而处于萎缩状态，而且使劳动力本身未老先衰和过早死亡"③，商品流通领域中劳动者的自由和平等只是掩盖资本主义剥削所造成的不平等的骗人表象。

对于这种不平等，当代西方政治哲学形成了不同的观点和看法。罗尔斯以自由和平等为价值准则，尝试建构公平正义的制度体系以化解形式平等与实质平等之间的矛盾，确保实现社会中每个人的自由权利平等，其把人假定为处在"原初状态""无知之幕"下理性的个人，以此为基础建构了正义的两个基本原则，并且只要符合两个正义原则的要求就达到了纯粹的程序正义，但是罗尔斯纯粹的程序正义是从其自由平等的社会制度中推导出来的，并且

① 《马克思恩格斯文集》第 5 卷，人民出版社 2009 年版，第 205 页。
② 《马克思恩格斯文集》第 5 卷，人民出版社 2009 年版，第 269 页。
③ 《马克思恩格斯文集》第 5 卷，人民出版社 2009 年版，第 307 页。

这种程序正义并不能排除天资禀赋等偶然性因素的影响,纯粹程序正义和实质结果之间依然存在张力,需要依靠差别原则的调节来缓和其对立和冲突。与罗尔斯的理论相反,诺奇克则把其理论建立在"权利"之上,对于社会资源的持有只要在程序上符合获取、转让的程序正义就被视为公平合理的结果,反对基于任何"善"的考虑对分配结果进行再分配,认为社会任何的再分配政策都是对个人神圣权利的侵犯,在其理论中维护个人神圣权利和对分配结果的调节之间处于不可调和的状态。

按照马克思的理论观点,形式平等和实质平等之间的张力将在实现"人的解放"中得以消除。平等作为人类社会的价值目标是对社会生产关系和经济关系的反映,在人类社会中实现平等不仅是抽象的"政治解放",更是市民社会中的"人的解放",因为人不仅是作为公民社会中的人而存在,更是作为市民社会中的人而存在,并且市民社会中的人才"被视为**本来意义上的人,真正的人**"①,"政治解放"只是在现实中把人分解为利己的个体,同时也归结为公民,但并没有在人的现实存在上实现"人的解放","**任何解放都是使人的世界即各种关系回归于人自身**"②,"只有当现实的个人把抽象的公民复归于自身,并且作为个人,在自己的经验生活、自己的个体劳动、自己的个体关系中间,成为**类存在物**的时候,只有当人认识到自身'固有的力量'是**社会**力量,并把这种力量组织起来因而不再把社会力量以**政治**力量的形式同自身分离的时候,只有到了那个时候,人的解放才能完成"③,这时人的劳动和需

---

① 《马克思恩格斯文集》第 1 卷,人民出版社 2009 年版,第 43 页。
② 《马克思恩格斯文集》第 1 卷,人民出版社 2009 年版,第 46 页。
③ 《马克思恩格斯文集》第 1 卷,人民出版社 2009 年版,第 46 页。

要、个人利益和普遍利益之间的矛盾将得到和解,"政治解放"和"人的解放"在人的自由个性解放中得到统一,公民在某些方面的抽象的形式平等与人对人的本质的真正占有的实质平等都将得以最终实现。

现阶段抽象的形式平等和实质平等之间的矛盾具体表现为权利、机会、规则公平与结果不平等之间的矛盾,也即分配结果的不平等依然存在。在当前社会主义市场经济条件下,由于市场经济发展不完善以及个体在先天自然条件和后天竞争能力方面的不平等,在自由市场本身竞争的优胜劣汰机制下必然会带来分配中的结果不平等,并且贫困的代际转移会形成"富者愈富,穷者愈穷"的"马太效应",造成社会中的不平等程度日益凸显。哈耶克指出:"一般性法律规则和一般性行为规则的平等,乃是有助于自由的唯一一种平等,也是我们能够在不摧毁自由的同时所确保的唯一一种平等。自由不仅与任何其他种类的平等毫无关系,而且还必定会在许多方面产生不平等。"①按照马克思的设想,即使到共产主义社会,在分工仍然存在、劳动仍是谋生的手段的条件下,社会不平等仍然是存在的,消除不平等是不可能的。社会主义公有制虽然消除了剥削赖以存在的制度基础,而由社会生产发展的客观规律所决定,社会不平等的状况仍然存在。同时,在市场经济条件下,多种所有制经济并存的所有制结构下资源的不平等占有和资源的竞争配置也必然会产生分配结果的不平等。

为了达到促进实现全民共建共享的发展目的,对现阶段自由

---

① [英]哈耶克:《自由秩序原理》,邓正来译,生活·读书·新知三联书店 1997 年版,第 102 页。

市场依赖纯粹程序正义的竞争所形成的分配结果要有"底线约束"和"公平约束",以调和形式平等与实质平等的张力。虽然市场经济条件下社会不平等具有客观必然性,但是为了确保社会主义社会的性质和落实全民共享的发展目的,社会的不平等程度必须要控制在合理的范围内,也即实现分配结果的相对公平。罗尔斯认为人们对其天赋是有权利的,包含在个人的完整的自由体系之下,但由人的天赋所造成的社会不平等却是不应得的,"正义原则要通过调节主要的社会制度,来从全社会的角度处理这种出发点方面的不平等,尽量排除社会历史和自然方面的偶然任意因素对于人们生活前景的影响"①。因此,即使是按照纯粹的程序正义所形成的社会和经济的不平等程度也要有利于实现最少受惠者的最大利益。社会主义条件下实现分配结果的相对公平既要保持社会性质不变,也要在提升社会生产效率的同时促进社会公平。结合共享发展理念和社会公平正义的内在要求,实现分配结果相对公平合理要把以下几个方面的内容纳入考察范围:一是结果的不平等要能够保障低收入者的最低生活水平;二是对非法收入和不合理收入所导致的不平等要予以消除;三是社会不平等要在促进社会生产率提高的同时不能超出社会可承受的范围,四是再分配对收入不平等的调节要以不能加大不平等程度为目标。在满足上述多重条件的同时,社会不平等程度将越来越接近于人们可以接受的范围,从而不断促进分配公平,实现全民共建共享。

---

① ［美］约翰·罗尔斯:《正义论》,何怀宏、何包钢、廖申白译,中国社会科学出版社2009年版,第5页。

第三节　应得:共享发展与分配
公平的评判标准

古典政治哲学以道德应得作为分配公正的判断标准,现代政治哲学基于个体理性在分配公平上转向了权利应得,"在'应得'上不再根据美德将人划分为不同的等级来区别,而是根据这一每个人都具有的平等的自然权利来分配"①,"生存权""财产权"都曾被作为权利应得的基础。马克思在批判权利应得的基础上,肯定了贡献应得和需要应得在社会分配过程中的重要价值。在落实共享发展理念的时代背景下,共享发展以实现共同富裕为最终目标,不断促进发展成果由全民共建共享,进而满足人的多样化、个性化的社会需要,但在社会主义初级阶段,由于发展仍是手段和目的的统一,并且分配过程中难以排除运气等偶然因素的影响,因而实现分配公平既要坚持贡献应得以兼顾公平与效率,又要坚持道德应得以更加注重分配公平。

一、贡献应得:促进共建共享与分配效率

洛克把正义建立在财产权的基础之上,劳动是财产权产生的依据,正义在于每个人都能得到其"劳动应得",在洛克的理论中,"劳动权"被看作人的抽象的平等权利。马克思立足于人的内在本质对抽象的"劳动权"进行了批判,其认为"这种平等的权利,对

---

① 陆寒:《历史唯物主义视域中的政治正义》,人民出版社 2017 年版,第 296 页。

不同等的劳动来说是不平等的权利",平等应以人的内在本质来衡量,而不应以抽象的物来衡量。在批判之外,马克思肯定了按劳分配中所体现的贡献应得的分配标准,其认为在共产主义第一阶段,以劳动为尺度,依据个体在劳动中贡献的大小进行分配,符合社会经济结构的内在要求,这种分配标准既消除了剥削赖以存在的社会基础,同时有助于促进社会生产力的发展。

应得作为分配公平的判断标准具有不同的基础。应得是与社会诸善相联系的分配标准,但在应得的基础上却形成了不同的认识。应得的基础是主体获得客体所依据的内在性根据,这种内在性根据必须是主体自身的,而不是他人的,并且是和所获得的客体有直接关系的,按照常识性概念,能力、努力、贡献等常被作为应得的基础,但这三者都各有其不足之处。能力作为应得的基础,从内部来说,是对主体获取较高水平能力的补偿;从外部来说是,对能力增加社会整体福利水平的激励,但同时能力作为应得的基础也包含不可控的因素,主体对于自身所具备的能力及其培养并不具备完全控制的能力,并且主体所具备的能力是否符合社会需要也不是主体自身所能决定的。努力作为应得的基础承袭了能力作为应得的基础的全部优点,并在一定程度上克服了能力"不可控责任"的部分,能力上的不足可以通过努力得到补偿,但是努力和能力一样都受"不可控的责任"影响,并且不是所有的努力都能得到回报,先天缺陷和目的不正当的努力并不能得到补偿。贡献作为应得的基础把人的能力和努力的成分更直接地体现出来,但它同样也无法排除"不可控责任"因素,并且对贡献的准确衡量常常是在市场条件下进行的,因此难以排除人的主观因素的影响。

马克思的理论把贡献应得看作具有历史阶段性的分配标准。

在马克思的理论中分配原则被划分为不同等级序列,在共产主义第一阶段按照贡献给以应得的分配标准是对形式正义原则或者权利原则的超越,贡献原则在资本主义条件下克服了权利原则所包含的剥削本质,但其自身同样包含着局限性,因此需要原则作为对贡献原则的进一步改进是对贡献原则局限性的超越。对此,埃尔斯特说道:"贡献原则似乎是一个双面神式的(Janus-like)概念。从一方面来看,它是一种把资本家的剥削谴责为非正义的正义标准;从高度发达的共产主义的观点来看,它本身又被需要原则中所表述的更高的标准谴责为不适当的。一个强壮的、不劳而获的资本家代表了对贡献原则的一种非正义的违背———一种不能为需要原则证明的违背。相反,一个丧失了劳动能力的人(他受财富援助却不能做回报)则代表了对贡献原则(它是通过需要原则来证明的)的一种违背。"[①]在共产主义第一阶段,贡献原则作为对资本主义的剥削和非正义性进行批判时具有明显的进步性,一方面贡献原则与公有制联系在一起,消除了权力支配关系的存在;另一方面,当贡献原则和剩余价值理论联系到一起时,资本在"权利平等"掩盖下的剥削本质暴露无遗,也即按照贡献给予应得的分配标准终结了任何形式的剥削的存在。但同时贡献原则包含着难以克服的弊端,因为依据"一种形式的一定量劳动同另一种形式的同量劳动相交换"忽视了劳动者在能力、禀赋、社会负担等方面的个人差异[②],依据贡献应得将形成实质上不平等的分配结果,因此在社会生产力实现更高层次的发展之后,需要原则将作为最优的

---

① [美]埃尔斯特:《理解马克思》,何怀远等译,中国人民大学出版社 2008 年版,第 217 页。

② 《马克思恩格斯选集》第 3 卷,人民出版社 2012 年版,第 363 页。

分配原则取代这一次优的分配标准。

公有制条件下贡献应得作为财富分配的标准有助于促进共建共享和分配效率。贡献应得在促进共建共享和分配公平方面体现为依据主体贡献的大小给予不同程度的补偿。在生产资料公有制的条件下,"生产者的权利是同他们提供的劳动**成比例的**;平等就在于以**同一尺度——劳动——**来计量"[①],社会依据劳动者贡献的大小进行消费品的分配,这种分配原则给劳动者以应得,消除了资本主义条件下"不劳而获"赖以存在的社会基础,在形式上体现了公有制条件下的权利平等,同时也实现了对劳动者贡献的合理补偿,有助于形成对劳动者从事生产活动的激励机制,促进分配效率,实现在分配过程中促进共建共享的目的。但按照劳动贡献进行分配的原则也默认了人们在能力禀赋、努力程度、先天自然条件等方面的差异和不平等,而这是由社会生产力发展水平所决定的,"权利决不能超出社会的经济结构以及由经济结构制约的社会的文化发展"[②],权利平等只能实现形式上的平等,贡献应得仍包含着其自身难以克服的局限性,尚不能达到实质平等,因而在这一条件下所能实现的分配公平只是形式上的平等,所能实现的共享其程度和水平仍需不断提高。

现阶段贡献应得在公有制范围内体现为按劳分配,在非公有制经济中体现为按生产要素分配。贡献应得是按人贡献的差异性形成的分配原则,反映了人的行为动机、能力水平、努力程度等方面的差异,适用于对非基本权利——财富和权力的分配,也即按照每个人实际贡献的大小给其以应得。但由于主体的贡献涉及不同

---

① 《马克思恩格斯选集》第 3 卷,人民出版社 2012 年版,第 364 页。
② 《马克思恩格斯选集》第 3 卷,人民出版社 2012 年版,第 364 页。

的内容和领域,并且不同内容的贡献之间难以转化为统一的标准,因此,贡献标准并不具有同一性。在市场经济条件下,一切事物都以商品价值的形式表现出来,贡献的大小是由各生产要素对劳动生产率影响的大小进而体现为价值的大小所决定的。根据所有制形式的不同,在公有制范围内,应得体现为按劳分配,劳动贡献成为应得的基础,人的劳动在生产中贡献的大小成为分配的数量标准,多劳多得、少劳少得,这是假定在理想状态下的应得标准。由于影响劳动在生产中贡献大小的因素包括劳动者的意愿、能力、禀赋、运气等因素,在实际的分配过程中,运气禀赋等先天因素和偶然因素难以排除,因而在实际分配过程中应得中也包含不应得的因素。在非公有制经济中,应得体现为按生产要素的贡献参与分配,应得的基础是要素所有权,生产要素的边际生产率是按要素分配的数量依据,这种边际生产率反映了市场中要素的供求关系,而在本质上按生产要素贡献参与分配是对人对物的占有关系的回报,在我国生产要素归属于不同的所有者,并且生产要素是稀缺资源,对生产要素贡献大小的衡量是通过市场的自由竞争形成的,因此在非公有制经济中,贯彻应得标准的前提条件是实现充分的自由竞争,除自然垄断之外,由人为因素所形成的垄断条件下的生产要素价格扭曲则是违反应得的。

二、道德应得:落实全民共享与分配公平

古希腊时期,应得与总体德性相联系,在城邦政治共同体中所形成的正义观是以整体德性上的应得为基础的,与德性相联系的应得表现为在善的事物的分配上成比例。近代以来,把个体努力、贡献等主体因素作为基础的应得公平观由于难以排除偶然因素的

影响,其分配结果常常与基于德性的应得相违背,而对贡献应得所产生的不平等的纠正则属于道德应得的范畴,道德应得与贡献应得相对,但又不同于古希腊时期建立在德性基础上的应得平等观。

道德应得是实现分配公平的有益补充。道德作为对法权概念和物权概念的补充,弥补了由权利平等所不能调节领域的缺陷。虽然在罗尔斯的"公平的正义"理论中,其把道德看作游离于社会制度之外的因素,"并未认识到道德对于正义的提升与补足意义,因而将正义说成是纯然的政治正义,把道德要素从正义观念中统统清除"①,但在西方近代以来的政治哲学史上,"始终存在着一个康德所没有真正看到的隐性的道德问题。这个隐性的道德问题就是,只有在自然生存的层面上去考虑人的欲望和需要的满足,进而使人的权利和自由成为现实的东西,道德原则才是可以挺立起来的"②,道德既包括以"行善"为标志的显性的道德,也包括立足于人的自然生存权利的隐性的道德。罗尔斯虽然把"道德要素从正义观念中统统清除"③,但其对不应得的批判也折射出关于道德应得的一些基本判断。罗尔斯认为,人们在市场经济中所得到的不平等的份额是由人们自己的家庭背景和先天禀赋所决定的,从道德上来看,由这些因素所造成的差异是偶然和任意的,因而是不应得的,并且其把由自然天赋所产生的所得看作"共同财富",主张通过实行差别原则来改变这种不平等的状况,因此其对道德应得的理解是在批判意义上来实现的。

马克思道德应得理论建立在对剥削制度的批判基础之上。马

---

① 李佃来:《马克思的政治哲学:理论与现实》,人民出版社 2015 年版,第 296 页。
② 李佃来:《马克思的政治哲学:理论与现实》,人民出版社 2015 年版,第 17 页。
③ 李佃来:《马克思的政治哲学:理论与现实》,人民出版社 2015 年版,第 296 页。

克思虽然没有从道德上对资本主义生产方式进行谴责,但其对道德应得的判断与其对剥削制度所造成的社会不平等的批判紧密相连。在劳动力成为商品、货币转化为资本之后,社会中一切旧的生产关系为新的资本雇佣关系所代替,"一切封建的、宗法的和田园诗般的关系"被人与人之间赤裸裸的金钱关系所代替①,"由宗教幻想和政治幻想掩盖着的剥削"被"公开的、无耻的、直接的、露骨的剥削"所代替②,这种剥削的存在是以雇佣劳动为前提,雇佣劳动生产着支配它自身的财富与权力从而使生产资本不断得到增加,生产资本的增加在实质上是"积累起来的劳动对活劳动的权力的增加,就是资产阶级对工人阶级的统治力量的增加"③,"资本不仅像亚当·斯密所说的那样,是对别人的劳动的支配权;而且在本质上是对无酬劳动的支配权……资本的增殖能力的全部秘密就在于这样一个简单的事实:资本支配着别人的一定数量的、它不支付报酬的劳动"④,因而资本的快速增长带来了社会财富和社会享受以及资本家享受的快速增长,但工人的享受并没有实现快速增加,甚至相对于一般社会水平来说,工人的享受甚至降低了。正如马克思在《雇佣劳动与资本》中所描述的,"一旦在这座小房子近旁耸立起一座宫殿,这座小房子就缩成茅舍模样了。这时,狭小的房子证明它的居住者不能讲究或者只能有很低的要求;并且,不管小房子的规模怎样随着文明的进步而扩大起来,只要近旁的宫殿以同样的或更大的程度扩大起来,那座较小房子的居住者就会在

① 《马克思恩格斯选集》第1卷,人民出版社2012年版,第402—403页。
② 《马克思恩格斯选集》第1卷,人民出版社2012年版,第403页。
③ 《马克思恩格斯选集》第1卷,人民出版社2012年版,第344页。
④ 《马克思恩格斯全集》第43卷,人民出版社2016年版,第559页。

那四壁之内越发觉得不舒适,越发不满意,越发感到受压抑"①,因此从道德上来看,资本家对其财富和工人阶级对其贫穷都是不应得的,但只有在社会废除现有的生产方式和生产资料私有制才能彻底改变这种财富占有和社会地位上的不平等状况,也即改变这种道德上的不应得。而在消除剥削赖以存在的所有制基础的共产主义第一阶段,雇佣劳动制度不复存在,商品经济中的等价交换原则被消费品分配中的等量劳动相交换所代替,贡献不平等替代了剥削不平等,这种不平等虽然消除了剥削赖以存在的社会基础,但其与实现人的解放和发展以及满足人的需要的最终目的之间仍存在差距,因而从人的自我实现与发展角度来看,也是不应得的。只有到共产主义高级阶段,在实现自由劳动基础上,人的需要才能得到充分实现与满足,分配的道德属性才能被人的自我实现所取代。

　　共享发展理念视域下的道德应得体现为对全民生存伦理和互惠伦理的关注。社会主义初级阶段,由于社会生产力尚未发展到能够实现人们之间实质平等的程度,社会资源具有稀缺性,而人的需要具有多层次性、多样性,社会分配关系承担着多重使命以满足不同群体的多样化需要,并且由于劳动者自身的主观能力、所处的客观条件等因素的影响和社会制度的漏洞以及不合理的行政政策和手段的干预,在分配过程中按照贡献应得进行分配的结果中仍然包含着不平等、不应得的因素,这种不应得在一部分地区和一部分人身上的累积形成了贫困的代际转移,使一部群体无法维持其基本的生存,甚至在一定条件下将演变为影响社会整体稳定的道德危机。在共享成为应得标准的价值原则的时代背景下,实现全

---

① 《马克思恩格斯选集》第1卷,人民出版社2012年版,第345页。

民共建共享应着力纠正和变革不合理和不应得的收入分配格局，关注全民的生存伦理和互惠伦理，促进实现分配公平。生存伦理的逻辑本质在于把保障社会成员最基本的生活水平置于实现社会经济利益最大化之上，使分配更加侧重于是实现公平而不是旨在促进效率，现实社会中对生存伦理的关注体现在我国脱贫攻坚和提高低收入者收入水平的实践中。互惠伦理的逻辑本质在于平衡"自利"和"利他"之间的关系，以不断促进分配公平的方式实现全民共享，进而提升社会生产效率，互惠伦理是落实全民共享，促进实现分配公平的重要道德原则。党的十九大报告指出"增加低收入者收入，调节过高收入，取缔非法收入"[1]，"让贫困人口和贫困地区同全国一道进入全面小康社会是我们党的庄严承诺"[2]，这其中蕴含着当前共享发展视域下对全民生存伦理和互惠伦理、共建共享与分配公平的关注。

---

[1] 习近平：《决胜全面建成小康社会　夺取新时代中国特色社会主义伟大胜利——在中国共产党第十九次全国代表大会上的报告》，人民出版社 2017 年版，第 46 页。

[2] 习近平：《决胜全面建成小康社会　夺取新时代中国特色社会主义伟大胜利——在中国共产党第十九次全国代表大会上的报告》，人民出版社 2017 年版，第 47 页。

第四章 共享发展理念视域下
分配公平的现实挑战

新中国成立七十多年尤其是改革开放四十多年以来,社会主义制度在我国得以确立并不断得到完善和发展,中国特色社会主义分配制度在不断改革中趋于成熟,广大人民群众在积极参与共建的过程中共享发展成果,人民生活水平得到显著提高。与此同时,人民需求的层次和水平不断提升,对实现社会公平正义的内在要求更加强烈。因此,在"做大蛋糕"的同时,如何"分好蛋糕"以满足人民日益增长的美好生活需要,促进实现发展成果的全民共享,成为社会主义建设事业发展所面临的重大现实问题。落实共享发展理念,促进实现分配公平既是社会主义社会性质的内在要求,也是满足人民需要的现实要求,但现阶段在共享发展理念视域下推动实现分配公平仍面临多重挑战。

第一节 分配原则不完善制约彰显共享本质

共享的本质在于实现社会发展成果由全民共建共享,从而不断为实现人的自由全面发展创造有利条件,推动人类社会向更高阶段发展。这是对私有制条件下资本剥削逻辑的现实超越,因而符合科学社会主义的内在要求。共享发展的这一本质属性要求在所有制结构上确立公有制的主体地位以实现全体劳动者公平占有生产资料,与之相适应,在分配方式上确立按劳分配的主体地位以实现全体劳动者共享社会发展成果,同时由于我国处于社会主义初级阶段,公有制之外多种所有制并存,因而要实行多种分配方式并存,只有这样才能推动落实共享发展理念,促进实现社会分配公平。但现阶段我国分配原则尚不完善,在坚持分配原则、促进实现共享发展的过程中仍面临多重现实挑战。

一、按劳分配的现实挑战制约体现共享

马克思的按劳分配设想是有前提条件要求的,一方面,按劳分配建立在生产资料公有制的基础之上,生产资料除了劳动者的劳动之外,全部归集体共同占有和使用,"除了个人的消费资料,没有任何东西可以转为个人的财产"①。另一方面,商品经济和商品交换不复存在,"每一个生产者,在作了各项扣除以后,从社会领回的,正好是他给予社会的。他给予社会的,就是他个人的劳动量"②。而现阶段实行按劳分配的社会条件与马克思所设想的前提条件之间仍存在较大的差距,按劳分配的实现形式面临着多重现实挑战,这些将制约全民共建共享的实现。

1917 年十月革命胜利之后,社会主义条件下的分配问题成为理论和实践中需要解决的又一重要问题,在《无产阶级在我国革

① 《马克思恩格斯选集》第 3 卷,人民出版社 2012 年版,第 363 页。
② 《马克思恩格斯选集》第 3 卷,人民出版社 2012 年版,第 363 页。

命中的任务》一文中,列宁指出:"人类从资本主义只能直接过渡到社会主义,即过渡到生产资料公有和按每个人的劳动量分配产品。"①在《国家与革命》中,列宁对社会主义的分配原则进行了详细的阐述,在马克思的理论中并没有"社会主义社会"的概念,只有"共产主义的第一阶段"这一概念,列宁把马克思的"共产主义的第一阶段"称为"社会主义社会",并在阐释马克思关于"共产主义第一阶段"的分配原则的基础上对社会主义社会的分配原则进行了分析和进一步发展。一方面,列宁认为社会主义社会按照"不劳动者不得食"和"对等量劳动给予等量产品"的原则,在社会成员之间分配产品和劳动;另一方面,列宁认为"按等量劳动领取等量产品"并不是一种公平的分配原则,其只是消除了剥削赖以存在的基础,但并没有消除分配个人消费品方面的不平等,"资产阶级权利"的不平等仅仅是在实行生产资料公有制这个条件内消除了,但是由于尚未进入共产主义社会,"还没有消除对不同等的人的不等量(事实上是不等量的)劳动给予等量产品的'资产阶级权利'"②,但这是难以避免的,在社会主义阶段国家既要"保卫生产资料公有制"③,也要"保卫劳动的平等和产品分配的平等"④。1931 年斯大林在《和德国作家艾米尔·路德维希的谈话》中肯定了在社会主义社会实行按劳分配的原则,"所有的人都领取同样的工资、同等数量的肉、同等数量的面包,穿同样的衣服,领取同样的和同等数量的产品"⑤,并提出了"'各尽所能,按劳取酬'——

---

① 《列宁选集》第 3 卷,人民出版社 2012 年版,第 64 页。
② 《列宁选集》第 3 卷,人民出版社 2012 年版,第 196 页。
③ 《列宁选集》第 3 卷,人民出版社 2012 年版,第 196 页。
④ 《列宁选集》第 3 卷,人民出版社 2012 年版,第 196 页。
⑤ 《斯大林选集》下卷,人民出版社 1979 年版,第 308 页。

这就是马克思主义的社会主义公式,也就是共产主义的第一阶段即共产主义社会的第一阶段的公式"①。

按劳分配实现形式的现实挑战制约体现共享。我国在社会主义基本制度确立之后,在分配方式上沿用了列宁对社会主义按劳分配原则的阐释。现阶段,我国是在多种所有制经济并存和商品经济仍然存在的条件下实行按劳分配原则,这既是发展公有制经济的内在要求,同时也符合充分调动劳动者的劳动积极性以促进社会生产力发展水平不断提高的客观要求。但由于我国所有制结构的发展变化,特别是混合所有制经济和市场经济的不断发展,以及劳动者的劳动能力差异化日趋明显,按劳分配的实现形式面临着准确界定和衡量劳动量大小的现实挑战,对劳动量的界定与衡量不准确制约体现共建共享。在《哥达纲领批判》中马克思所设想的"劳动"是流动形态中的劳动,其衡量方式是以社会流通领域中的劳动券作为衡量的依据,而在当前社会主义条件下,按劳分配的"劳动"外化为"劳动时间",市场经济条件下"劳动时间"主要表现为社会必要劳动时间,并且随着科学技术水平的不断提高,影响劳动者社会必要劳动时间的因素日益复杂和多元,不仅劳动者的自然禀赋和社会条件等因素会影响劳动者的劳动能力和劳动时间,而且劳动者所掌握的知识、技术等人力资本也将会成为影响社会劳动生产率水平的重要因素,因此依靠传统方法对劳动量的衡量容易造成衡量不准确,这既制约体现共享本质,又不利于调动劳动者的创新积极性以推动实现共建共享。

按劳分配形成的不平等结果制约实现共享。马克思立足价值

---

① 《斯大林全集》第13卷,人民出版社1956年版,第104页。

理论的批判性,实现了从按资分配向按劳分配的过渡,从社会生产方式对剥削本质的超越性来看,按劳分配体现了劳动者之间地位平等的实现,而从实现人的内在本质来看,按劳分配实现了建立在抽象"劳动"基础上的平等,但并没有实现人与人之间的实质平等,由于劳动者的个体差异,坚持按劳分配仍会形成不平等的分配结果。自改革开放以来,随着对社会主义本质认识的深化和对计划经济与市场经济界限的科学认识,对社会主义条件下按劳分配与市场经济的结合形成了更为全面科学的认识,在生产力发展尚未达到理想的社会状态下,按劳分配只有在市场经济的竞争机制下才能达到激励劳动者从事生产劳动、提高社会生产效率的目的,因为在市场自由竞争机制下,劳动者具有自由发挥自身能力的条件:"一是劳动选择自由,即自由时间、自由地点、自由择业、自由转业开启劳动活动;二是劳动运行自由,即自由开始、自由继续、自由变换、自由终止安排劳动过程"①,在计划经济条件下,劳动者劳动能力的发挥受到了束缚。而劳动者在市场竞争机制下自由发挥劳动能力这一有利条件将更加凸显不同劳动者在先天禀赋和后天能力等方面的差异,先天禀赋较好、后天能力较强的劳动者更能够顺应市场自由竞争的要求,从而获取较高的收入水平;反之,收入水平则较低,这就形成了不同劳动者之间的收入差距。此外,在社会主义条件下,由于所有制结构的发展变化,按劳分配在实现形式上不断得到创新,一方面在按劳分配内部引入竞争机制,以达到激励劳动者从事创造性劳动;另一方面在外部实现按劳分配与其他分配方式相结合,从而更充分地发挥了竞争机制在劳

---

① 余金成:《按劳分配及其在马克思主义发展史上的四次解读》,《理论学刊》2016 年第3 期。

动者之间的作用,这加剧了不同群体之间的收入差距,收入差距的持续存在并不断扩大将会制约体现社会主义社会实现共享的本质要求。

二、按要素分配的现实挑战制约体现共享

资本主义生产方式中,生产要素是资本家和土地所有者取得收入的凭借,在看似"公平合理"的分配方式下实际包含着资本家剥削工人的不平等关系。社会主义条件下,实行按生产要素分配是与多种所有制经济相适应,这一分配方式与资本主义条件下的按要素分配,特别是按资分配存在本质区别。但由于要素占有的不平等和要素禀赋的差异,实行这一分配方式将会造成不平等的分配结果,因而有观点试图以此否定社会主义社会实行按生产要素分配的必要性,这些现实挑战的存在制约体现共享发展的本质要求。

实行按生产要素分配是我国所有制结构的内在要求。分配关系是由生产资料所有制关系所决定,与不同的社会生产力发展水平和所有制形式相适应,分配原则主要有"按要素分配""按劳分配""按需分配"三种,按要素分配是与私有经济相适应的分配方式,在私有制经济中,要素存在稀缺性,并且生产要素为不同的所有者所占有,社会生产只有在不同生产要素的相互结合中才能创造出丰富的社会财富。改革开放以来,为适应社会生产力发展的现实要求,在公有制经济中我国坚持实行按劳分配的分配原则,在多种所有制经济中,由于要素所有权归属于不同的所有者,并且生产要素具有稀缺性,为了充分发挥各生产要素的效用,我国实行按生产要素分配的分配方式。党的十五大报告明确提出了"坚持按

劳分配为主体、多种分配方式并存的制度"①,与多种所有制形式相适应,我国"把按劳分配、劳动所得,同允许和鼓励资本、技术等生产要素参与收益分配结合起来"②,党的十六大更进一步明确地提出了"劳动、资本、技术和管理等生产要素按贡献参与分配的原则,完善按劳分配为主体、多种分配方式并存的分配制度"③。在信息技术和第三产业快速发展的当代社会,知识、技术、管理等新型生产要素在发展过程中的作用日益凸显,实行按生产要素分配适应了我国社会生产力发展水平的客观要求和生产要素归属不同所有者的发展现状,有助于充分发挥不同生产要素在社会生产中的重要作用,为实现全民共享创造丰富的物质基础。

按要素分配面临按资分配的挑战,制约体现共享本质。萨伊在斯密分配理论的基础上提出了经济学上的"三位一体"分配公式:资本—利润,土地—地租、劳动—工资,资本、土地、劳动三种生产要素在生产过程中共同协作,创造效用,各自获得相应的收入。马克思对萨伊的分配公式进行了批判,"资本主义生产方式的神秘化,社会关系的物化,物质的生产关系和它们的历史社会规定性的直接融合已经完成:这是一个着了魔的、颠倒的、倒立着的世界。在这个世界里,资本先生和土地太太,作为社会的人物,同时又直接作为单纯的物,在兴妖作怪"④,雇佣劳动作为资本的对立物而存在,本身是资本存在的前提和基础,这种生产方式的典型特征:

---

① 江泽民:《高举邓小平理论伟大旗帜　把建设有中国特色社会主义事业全面推向二十一世纪——在中国共产党第十五次全国代表大会上的报告》,人民出版社1997年版,第26页。

② 《江泽民文选》第二卷,人民出版社2006年版,第256页。

③ 中共中央文献研究室:《十六大以来重要文献选编》上,中央文献出版社2005年版,第21页。

④ 《马克思恩格斯选集》第2卷,人民出版社2012年版,第646页。

一是生产商品,包括劳动力商品;二是生产剩余价值,社会中一切产品的生产、流通、价值实现都"听任资本主义生产者个人偶然的、互相抵消的冲动去摆布"①,追求个人利益的最大化,创造尽可能多的剩余价值是其唯一的目的和动机,马克思深刻批判了按资分配所包含的剥削本质。社会主义条件下,为了释放市场经济的活力,增进全体社会成员参与共建的积极性,不断促进社会生产力的发展,在多种所有制经济中实行按生产要素分配,这一分配方式和资本主义社会的按要素分配在形式上几乎完全相同,如果没有国家合理的宏观调控政策,这一分配方式将会演变为新的按资分配,形成新的剥削关系,因此有观点试图把两种不同社会性质下的按要素分配完全等同,这既违背实行按生产要素分配的发展目的,也不利于体现共享本质。

按要素分配形成的不平等制约实现共享。按要素分配的实质是按要素的占有状况分配,但我国存在要素占有不平等的发展现状,要素占有的不平等和要素禀赋差异形成了社会分配的不平等。由于我国市场经济和按要素分配起步较晚,要素市场发展和要素功能的完善程度与地区经济发展程度紧密相关,城市要素市场和要素功能的发展完善程度要高于农村,经济发达地区的要素市场和要素功能的发展完善程度要高于经济不发达地区,并且资本、技术、管理、土地、自然资源等生产要素的占有状况和分布状况呈现出较大的区域差异,农村地区土地、自然资源等较为丰富,而资本、技术、管理等生产要素的占有不足,但由于农村地区的土地、自然资源等在产权归属上边界模糊,因而影响了这些生产要素的流转、

---

① 《马克思恩格斯选集》第2卷,人民出版社2012年版,第650页。

交易和功能化配置,这就使农村地区生产要素的收益难以形成居民的收入来源。而城市地区,特别是经济发达地区的资本、技术、管理等要素市场和要素功能较为完善,相较于农村在占有数量上较为充裕,并且资本、技术、管理等生产要素的分布状况的"马太效应"更加明显,技术、管理等生产要素有向资本靠拢的趋势,技术和管理等生产要素服务于资本的生产过程。在经济发展过程中,由于资本、技术、管理等生产要素是促进经济发展的重要动力,对经济发展的贡献要更大,并且由于对这些生产要素的需求更大,要素存在稀缺性,在完善的要素市场推动下,要素实现了合理的功能化配置,从而使要素所有者获得较高的要素收益。城市地区相对完善的要素市场给予要素贡献的合理报酬和农村地区相对滞后的要素市场给予要素贡献相对较低的要素报酬,这在一定程度上也拉大了居民之间的收入差距,形成了社会不平等的发展现状,从而制约实现共享。

第二节　分配机制不健全制约实现共建共享

全民共享的过程也是全民参与共建的过程,全民参与共建既需要参与主体充分发挥其积极性、主动性和创造性,更需要社会生产资料得以合理配置和充分利用,两者的充分实现建立在完善的分配机制之上。完善的分配机制在资源配置方面既要实现要素收益的合理分配又要实现公平益品的均等享有,确保全体人民分配的权利平等、机会公平、规则公平。而在分配机制的动态发展方面则要促进实现收入增长机制的"两同时"和"两同步",确保提高生产效率的同时更有助于促进社会公平。但现阶段,我国分配机制发展不健全,分配机制和实现共建共享之间仍存在张力。

一、收入增长机制与同步共享之间存在张力

2010 年党的十七届五中全会指出,"努力实现居民收入增长和经济发展同步、劳动报酬增长和劳动生产率提高同步"[①],2012 年胡锦涛同志在党的十八大报告中、2015 年习近平总书记在党的十八届五中全会上都分别再次强调了"两个同步"。"两个同步"的提出彰显了现阶段我国在实现经济发展的过程中,要不断促进居民收入增长,推动发展成果由全民共享的发展理念和指导思想。党的十九大报告在"两个同步"的基础上,增加了"两个同时",明确指出:"坚持在经济增长的同时实现居民收入同步增长、在劳动生产率提高的同时实现劳动报酬同步提高"[②],这一提法的转变既凸显了收入增长在经济社会发展中的重要地位,也强调了实现分配公平、促进共建共享的现实要求。但现阶段,我国经济在发展过程中存在居民收入增长和经济增长不同步、劳动报酬提高和劳动生产率提高不同步的发展现状。

第一,部分居民收入增长落后于经济增长,制约实现共建共享。经济发展和居民收入分配之间在一定条件下是正相关的关系,并且若所有居民的收入增长和经济增长能够保持同步则意味着全体人民在参与经济建设的过程中实现了共建共享,经济发展成果惠及了全体人民,但这种正相关关系并不是在经济发展的每

---

① 中共中央文献研究室:《十七大以来重要文献选编》中,中央文献出版社 2011 年版,第 976 页。

② 习近平:《决胜全面建成小康社会 夺取新时代中国特色社会主义伟大胜利——在中国共产党第十九次全国代表大会上的报告》,人民出版社 2017 年版,第 46—47 页。

一个阶段都能实现。库兹涅茨于 1955 年提出"库兹涅茨曲线"理论,也称倒"U"形曲线理论,这一曲线描述了一国收入分配状况随经济发展变化而变化的过程,在一国经济发展的初期,居民人均收入从最低水平随着经济社会的发展不断上升到中等收入水平,同时居民收入分配的差距也将会越来越大,当收入达到中等水平时将经历一个停滞的时期,而后随着经济的持续发展居民收入分配差距将会不断趋于缩小。倒"U"形曲线所描述的收入分配状况是一个经历了先扩大或恶化,然后过渡到一个稳定变化的阶段,之后开始逐步缩小或改善的发展过程,这个过程是实现经济发展和居民收入增长的过程,也是促进实现分配公平的过程。由于不同阶段社会生产力发展水平不同,经济增长并不能有效促进全体人民实现收入的同步增长,特别是在经济发展早期阶段,常常采取以牺牲消费的方式加速积累,但这种增长方式难以持续。而在经济发展达到一定水平之后,消费取代积累成为促进经济发展的动力,经济发展所取得的发展成果将会越来越公平地惠及全体人民,从而有助于实现全民共建共享。

近年来,在一系列惠及民生的社会政策作用下,我国居民收入增长速度和经济增长速度基本上实现了同步增长,但由于过去在很长一段时间内,居民收入增长速度远远低于经济增长速度,因此,从实际的增长水平来看,居民收入的实际增长水平仍落后于经济的实际增长水平。2020 年 GDP 的增长率为 2.3%[①],同期全国居民人均可支配收入32188.8 元,比 2019 年名义增长 4.7%;按常住地分,城镇居民人均可支配收入 43833.8 元,比 2019 年名义增

---

① 国家统计局编:《中国统计年鉴》(2021),中国统计出版社 2021 年版,第 934 页。

长 3.5%;农村居民人均可支配收入 17131.5 元,比 2019 年名义增长 6.9%①,城镇和农村居民的人均可支配收入的增长速度均快于同期经济增长速度。但从长期发展来看,1979—2020 年人均 GDP 的年均增长速度为 8.2%,GDP 的年均增长速度为 9.2%,同期全国居民人均可支配收入的年均增长速度为 8.2%,虽然与人均 GDP 的年均增长速度保持同步,但远低于 GDP 的年均增长速度,此外,1979—2020 年城镇居民人均可支配收入的年均增长速度为 7.0%,农村居民人均可支配收入的年均增长速度为 7.6%,这一数值不仅远远低于 GDP 的年均增长速度,而且低于人均 GDP 的年均增长速度。② 这些统计数据说明近年来我国居民收入逐渐实现了快速增长,与经济增长基本保持同步,但由于前期居民收入增长远远落后于经济增长,居民收入的实际增长仍落后于经济的实际增长,因而只有不断推动实现居民收入快速增长才能实现落实共建共享的发展目标。

第二,劳动报酬提高滞后于劳动生产率提高,制约实现全民共享。马克思的劳动价值论和按劳分配设想主张劳动报酬与劳动者的贡献相一致,并且劳动价值论建立在对"异化劳动"的批判基础之上,这为实现共建共享奠定了哲学基础。马克思从"当前的国民经济的事实出发",看到了"物的世界的**增值**同人的世界的**贬值**成正比"③,劳动并不使人感到快乐;相反,只有人在远离劳动时才会感到幸福和快乐,人在劳动过程中生产着支配自身的物质力量和整个世界本身,而造成这种现象的根源在社会物质生产领域,因

---

① 国家统计局编:《中国统计年鉴》(2021),中国统计出版社 2021 年版,第 187 页。
② 国家统计局编:《中国统计年鉴》(2021),中国统计出版社 2021 年版,第 5 页。
③ 《马克思恩格斯文集》第 1 卷,人民出版社 2009 年版,第 156 页。

此只有彻底消灭私有制才能实现劳动者的共建共享。同时,马克思从政治经济学的角度揭示了劳动的二重性,批判了资本逻辑下劳动和资本、生产和分配相分离的本质,形成了对商品价值量的科学衡量,其把价值界定为抽象劳动,价值大小体现为抽象劳动量的多少,这里的抽象劳动是以简单劳动为尺度的,"比较复杂的劳动只是**自乘的**或不如说**多倍的**简单劳动,因此,少量的复杂劳动等于多量的简单劳动"①,从而使劳动价值论发展为科学的理论。此外,在批判资本主义分配方式的基础上,马克思从人类社会未来发展的角度设想了公有制条件下的分配方式是等量劳动相交换,在消灭私有制建立公有制、劳动力不再表现为商品的条件下,生产与分配的分离在人的劳动能力基础上实现了统一,社会按照劳动者劳动贡献的大小进行分配。

现阶段我国确立了按劳分配的基本原则,多劳多得、少劳少得,劳动报酬成为居民收入的重要组成部分,但在我国存在劳动报酬所占比重较低和劳动报酬增长缓慢的现状。"近年来,随着劳动者人力资本水平的不断提高,劳动生产率也随之不断提高,但在国民收入分配格局中,劳动报酬所占份额呈现出不断下降的趋势,劳动报酬增加的速度落后于劳动生产率提高的速度,相反资本报酬则表现为不断上升,但由于在居民收入结构中财产性收入所占比重较低,资本的增长很难传导为居民收入的不断增长"②,以2014—2020年全国居民人均可支配收入为例,2014—2020年居民工资性收入占比分别为 56.63%、56.72%、56.48%、56.29%、

① 《马克思恩格斯文集》第5卷,人民出版社2009年版,第58页。
② 熊晓琳、任瑞姣:《以共享发展理念引领我国收入分配制度改革》,《思想理论教育导刊》2019年第1期。

56.08%、55.92%、55.66%,呈下降趋势,而经营净收入、财产净收入和转移净收入所占的比重分别为 43.37%、43.28%、43.52%、43.71%、43.92%、44.08%、44.34%[①],呈上升趋势,特别是财产净收入和转移净收入。由于劳动报酬占比较低并且增长缓慢,使经济发展产生了较大的收入差距,根据国家统计局最新公布的数据,2019 年、2020 年的基尼系数分别为 0.465、0.468[②],较大的基尼系数显示了我国收入分配结构的不平衡特点,虽然 2020 年我国脱贫攻坚已取得胜利,但较大的收入差距的存在,使庞大的中等收入群体尚未形成,从而制约实现全民共享。

二、要素收益分配与合理共享之间存在张力

按要素分配与非公有制经济和市场经济体制相联系,要素收益的合理分配是通过要素价格来实现,要素价格是在市场自由竞争过程中依据不同生产要素的稀缺性和在生产中贡献的大小而形成的,合理均衡的要素价格反映了市场中的生产要素实现了合理优化配置,并且各生产要素的所有者获得了合理的要素收益。但在市场经济条件下,受国家宏观政策和要素稀缺性的影响,要素价格均衡与要素价格扭曲并存,从而影响一部分要素所有者的合理收益,制约实现共建共享。

要素收益合理分配为实现全民共享提供了物质条件。马克思的劳动价值论强调了劳动这种生产要素在生产过程中创造出了新价值,非劳动生产要素在生产过程中不创造新的价值,只是转移了旧价值,其为价值创造提供了有利条件,有助于提高劳动生产率。

---

① 根据《中国统计年鉴》(2021)数据整理计算所得。
② 国家统计局编:《中国统计年鉴》(2021),中国统计出版社 2021 年版,第 15 页。

随着信息时代的到来,知识、技术、管理、服务等新型生产要素在经济增长中的作用日趋重要,生产要素收益的合理分配有助于充分发挥各种生产要素的禀赋和效用,推进产业结构优化升级,提高社会的全要素生产率。党的十九大报告指出,我国经济发展"必须坚持质量第一、效益优先,以供给侧结构性改革为主线,推动经济发展质量变革、效率变革、动力变革,提高全要素生产率"[①],全要素生产率的提高意味着产业结构的优化升级和社会生产力水平的提高。在我国经济发展转型升级的关键时期,既存在部分生产要素短缺或枯竭的发展现状,又存在长期依靠单一或少数几种生产要素的发展困境,依靠单一生产要素投入容易受要素存量的限制和要素边际效用递减规律的制约,难以持续推动社会生产力发展,因此形成合理的要素收益分配,充分发挥各种生产要素的效用,有助于增强社会主义社会发展的内在动力,从而为实现共享发展提供必要的物质前提。

要素收益分配通过要素价格来实现。要素价格是对要素稀缺程度的反映,对社会资源配置起着导向作用,要素价格的实现过程也是要素收益合理分配的过程。要素稀缺程度是影响要素价格的重要因素,但这种稀缺是相对于需求而言的,因而是相对稀缺,同一个国家不同生产要素的稀缺程度存在差异,并且同一种生产要素在不同国家的稀缺程度也存在差异,这既与不同市场的要素总量的差异相关,也与不同国家所处经济发展阶段紧密相关。迈克尔·波特根据生产要素的技术特征将其分为初级要素和高级要素,初级生产要素的稀缺性会越来越小,高级生产要素的稀缺性则

① 邸乘光:《论习近平新时代中国特色社会主义经济思想》,《新疆师范大学学报(哲学社会科学版)》2019 年第 1 期。

会越来越大。假定在一国要素市场既定的条件下,要素的稀缺性程度越高其价格就越高,稀缺性越低其价格就越低,要素价格是引导要素自由流动和优化配置的信号灯,在某一要素市场中要素价格上升则会吸引其他生产要素向该市场流动和配置,要素价格降低则会使在该要素市场的生产要素向价格高的要素市场转移,从而形成不同生产要素在要素市场的自由流动和优化配置,要素的自由流动将改变流入市场和流出市场的要素供应状况,改变生产要素的相对价格,推动要素价格的均等化,进而实现要素收益的合理分配。

劳动力要素价格扭曲制约实现共建共享。我国劳动力市场价格扭曲受历史上城乡二元分割的户籍制度和计划经济体制的影响,在二元分割的户籍制度下,我国劳动力市场出现了城乡之间的二元分割,现阶段我国劳动力市场主要集中在城市,农村地区闲置的劳动力只有到城市才能谋取就业机会,但受户籍制度的限制,进城务工的劳动者虽然在城市工作和生活,却难以享受同等的社会保障待遇。同时,我国劳动力市场一段时期内在国家宏观经济政策的影响下人为地划分为体制内的劳动力市场和体制外的劳动力市场,二者在待遇和社会福利方面存在较大的差距,处于体制外劳动力市场的劳动者的工资福利待遇则较低。上述因素的综合作用使劳动力要素的价格发生了偏离,要素价格长期保持在较低的水平,从而制约实现共建共享。

土地要素价格和环境要素价格扭曲制约实现全民共享和全面共享。在我国实行住房制度改革以前,土地主要是以划拨的方式进行配置,住房制度改革之后,为了招商引资,政府作为土地的唯一出让方以较为低廉的价格甚至以无偿的方式转让工业用地,补贴资本,以此拉动当地工业发展和经济增长。对于住宅用地,更是放任其价格不断上涨,土地要素价格疯狂上涨成为补贴资本拉动经济增长的重要手段,却并没有形成对居民收入增长的实质补偿,土地要素资源错配拉大了居民之间的收入差距,使全民共享难以得到切实贯彻。与此同时,我国在生产力较为落后的条件下进入社会主义社会,吸取社会主义建设探索的经验和教训,为了促进社会生产力的发展,一段时期内为了追求 GDP 的增长速度,并没有把环境成本考虑在内,忽视对生态环境的保护,甚至在一些地方出现了以牺牲生态环境换取经济快速增长的短视行为,导致了在我国出现经济增长和环境污染相伴随的严重问题。总之,过去过分追求经济增长的发展战略是要素市场价格扭曲的根本原因,要素市场的价格扭曲也使我国经济增长呈现出不可持续的发展特征,经济社会发展过程中矛盾重重,经济增长与收入差距扩大、经济增长与国内需求增长、经济增长与生态环境保护的矛盾成为制约我国经济社会持续健康发展的重要因素,从而制约全面共享的实现。

三、公共益品享有与均等共享之间存在张力

罗尔斯提出了社会基本益品的概念,这一概念与社会基本的善在同一意义上使用,指的是所有的社会价值,主要包括"自由和机会、收入和财富、自尊的社会基础"等①,其外延不仅包括经济物品,而且包括与实现人的权利和发展相关的一切社会价值。公共益品指的是在社会中供全体社会成员使用的一切社会价值,这一概念的内涵极其广泛,应用到收入分配领域则指的是与实现收入

---

① ［美］约翰·罗尔斯:《正义论》,何怀宏、何包钢、廖申白译,中国社会科学出版社 2009年版,第 48 页。

增长密切相关的一切公共投资与发展机会,特别是与实现人的发展密切相关的过程投资。

"公共"一词最早见于《史记·张释之冯唐列传》,"法者天子所与天下公共也",公共即公有的、公用的、共同的。公共性是随着人的活动的发展而出现的新的活动性质,在人的原初存在状态中,也即人与人相互依赖的阶段,这时候既没有公共性也没有个体性,只有群体性,原始社会、奴隶社会和封建社会条件下人们相互依赖,作为社会群体共同从事活动。而在资本主义生产方式下,人的自由个性得以彰显,人的独立性和其活动的个体性才在真正意义上实现,但这种个体性不是孤立的存在形态,而是在发生交互作用的活动中存在的,在这个过程中,人的活动的公共性日益凸显,但这种公共性不是人的依赖阶段的群体性,而是建立在人的自由个性基础上的互动性,并且随着主体交往范围的扩大,主体间性不断发展,社会向"形成具有更多更好的公共性的社会"转化①,公共性问题将成为社会的普遍问题,满足公共需要、实现和维护公共利益将受到人们广泛重视,提供公共产品和公共服务成为维护社会共同体存在和人们日常生活方式的重要社会机制。

公共性是公共益品的显著特性。在现代性展开过程中公共性问题日益凸显,但在公共性的缘起问题上却争论不断,公共需要、公共物品、公共事务、公共领域等都用来解释公共性的缘起问题,但这些都只是公共性的外部条件或者外在实现形式,并不能说明人的活动的公共性问题。公共益品作为公共物品的拓展是公共性得以实现的重要载体形式,而公共性则是公共益品的显著特性,这

---

① 郭湛:《社会公共性研究》,人民出版社 2009 年版,第 13 页。

一特性具体表现为共有性、共用性和利他性,其形成是由社会的外在经济条件与公共益品的内在本质特征所共同决定,市场经济条件下公共益品的外部性与自利经济人假设的悖论彰显了公共性的社会价值。外部性是由马歇尔和庇古提出的,指的是经济主体的活动对其他人所造成的影响,分为正外部性和负外部性,正外部性指的是积极的影响,负外部性指的是消极的影响。公共益品具有较强的正外部性,旨在为社会成员提供各种便利条件以满足其需要,其经济行为并不是以自利为目的,而是以利他为目标,这与商品经济条件下理性经济人的假设相背离,因而其行为主体不可能是追求效率和利润的市场主体,而只能是代表公共利益的政府部门,这就决定了其公共性的基本属性。

公共性决定了公共益品的共享本质。首先,不同样态的公共性在其本质内涵上是以共享为价值目标。公共性具有多种样态,从原初的共同存在到最高的公平公正,公共性是诸多规定的综合,"具体体现为:(1)共在性、共处性、共和性;(2)公有性、公用性、公利性;(3)共通性、共谋性、共识性;(4)公意性、公义性、公理性;(5)公开性、公平性、公正性;等等"①,在这多种具体样态中,"本体论层面的共在共同、认识论层面的共识、价值论层面的共享,横贯东西,纵贯古今,是公共性中最基础的内容,最稳定的内涵"②。而从政治经济学的角度来说,所有制层面的共有、效用层面的公用决定了在享有层面上将以实现共享为目标。其次,资本逻辑下公共性危机要求促进公共益品的共同享有。资本逻辑下工具理性战胜价值理性,物支配和控制人生活的方方面面,社会生产和消费服

---

① 郭湛:《社会公共性研究》,人民出版社2009年版,第97页。
② 李丽:《文化困境及其超越》,人民出版社2013年版,第117页。

务于资本增殖的本质目的,社会公共精神为拜物精神所取代,民主政治受金钱政治所操纵,社会公共事务私人化造成了公共政治危机,社会公共精神丧失造成了公共生活危机,克服公共政治危机和公共生活危机只有通过培育公共精神,调动全体社会成员共同参与社会公共事务,实现公共益品平等享有来实现。

现阶段,我国公共益品享有存在不均衡的发展现状。公共益品享有的不均衡从根本上来说与经济发展程度紧密相关。一方面,经济发展程度决定了居民所能享有的公共益品数量的多少。经济较为发达的地区,居民所能享有的公共益品在数量上较为丰富与充裕,而经济发展较为落后的地区,居民享有的公共益品则相对较少。以 2020 年教育投入为例,东部地区经济较为发达,其普通高等学校数达到 1028 个,占全国的 37.5%,本专科在校学生数达到 1235.9 万人,占全国的 37.6%,而经济不发达的中部和西部地区,普通高等学校数分别为 718 个和 734 个,占全国的比例分别为 26.2%和 26.8%,本专科在校学生数分别为 907.2 万人和 872.9 万人,占全国的比例分别为 27.6%和 26.6%[①],明显低于经济较为发达的东部地区。另一方面,经济发展程度与市场经济的完善程度成正相关的关系。社会主义完善的市场经济是政府宏观调控与市场自由竞争的有机结合,这一结合既克服了市场自发竞争的缺陷,也克服了宏观调控缺乏效率的弊端,将会推动实现经济持续健康发展,在经济发展程度比较高的地区,政府的宏观调控和市场经济体制都相对较为完善,在政府的宏观调控下,人们在相对平等的起点上享受政府提供的公共资源和公共服务,并且完善的市场竞

---

① 国家统计局编:《中国统计年鉴》(2021),中国统计出版社 2021 年版,第 827 页。

争机制将会打破各种弊端的束缚,使人们享受机会公平和规则公平。而在经济发展水平较为落后的地区,不仅社会公共益品的供给受到生产力发展水平的客观限制,而且发展不成熟的市场竞争机制容易受到人为因素的干预,破坏自由选择和公平竞争的社会环境。

第三节　收入差距的存在制约实现全民共享

共享发展是要保障全体社会成员都能共享社会发展成果、促进公平正义,这一理论内容在收入分配领域集中体现为逐步消除社会分配不公现象,使收入差距保持在合理的范围内,从而不断提升全体人民的收入水平,进而实现分配结果的公平合理。经过改革开放四十多年的发展,我国整体经济实力和人民生活水平都得到了显著的提升和改善,"1978 年我国国内生产总值 3678.7 亿元,人均国内生产总值 384.7 元,城镇居民人均可支配收入 343元,农村居民人均可支配收入 134 元,2020 年国内生产总值达到1015986.2 亿元,人均国内生产总值 71999.6 元,是 1978 年的约187 倍,2020 年城镇居民人均可支配收入 43834 元,农村居民人均可支配收入 17131 元,均是 1978 年的约 128 倍"[①],虽然从总体经济实力和人民生活水平来看,我国经济社会发展呈现出较好的发展趋势,但收入分配差距和收入分配不公问题仍然存在,并且逐渐成为制约实现全民共享的重要因素。

---

① 国家统计局编:《中国统计年鉴》(2021),中国统计出版社 2021 年版,第 4—5 页。

一、城乡之间的收入差距制约实现共享

由于地理环境和二元对立的社会结构的影响,我国城乡之间经济发展和居民收入分配与增长方面均存在差距,适度的发展差距和收入差距有助于促进经济发展,提高社会生产力发展水平,但持续和不断扩大的发展差距和收入差距将会制约经济社会的健康发展,阻碍实现全民共建共享。

我国城乡之间的收入差距经历了从小变大再变小的变化发展过程。新中国成立初期,我国社会经济发展较为落后,城市居民和农村居民的生活水平都比较低,因而收入差距也较小。随着改革开放的实行,在城市逐步确立了市场经济体制,在农村逐步实行家庭联产承包责任制,这时城乡的收入差距开始出现,并且随着市场经济的逐步完善和一段时期内注重工业发展的经济政策,收入差距伴随经济发展而不断扩大。1978 年城镇居民人均可支配收入为 343 元,农村居民人均可支配收入为 134 元,城乡收入比为 2.57(农村居民收入为 1),2000 年城镇居民人均可支配收入为 6256 元,农村居民人均可支配收入为 2282 元,城乡收入比为 2.74,城乡之间的居民收入差距逐渐拉大,在一系列惠农政策的作用下,城乡之间收入差距略有下降,2020 年城镇居民人均可支配收入为 43834 元,农村居民人均可支配收入为 17131 元,城乡收入比为 2.56[1],但从整体来看城乡之间的收入差距仍然较大。在城乡经济发展差距形成之后,与经济发展紧密相关的教育资源、社会保障、医疗服务、文化环境等在城乡之间也将产生差异,这将导致人力资本积累的城乡差异,进而形成城乡居民之间潜在的收入增长

---

① 国家统计局编:《中国统计年鉴》(2021),中国统计出版社 2021 年版,第 4—5 页。

差距。

城乡收入差距导致居民在共享的程度和水平上呈现出不均衡。在同一时期对同一地区来说,当居民消费水平仍有上升空间时,收入水平与消费水平是正相关的关系,因此城乡收入差距的存在使城市居民的消费水平和农村的消费水平之间也存在差距,城市居民的消费水平较高,对部分必需品的消费需求达到相对饱和的状态,而农村地区的消费水平则较低,对在城市中已经达到饱和的消费品仍存在较大需求,但收入差距的存在和农村地区居民较低的收入水平限制了其消费需求的满足,使城乡居民在实现共享的程度和水平上呈现出不均衡的发展现状。同时,居民的消费需求受边际效用递减规律支配,居民收入的增加对消费需求较低的农村居民来说其边际效用要比消费需求较高的城市居民的边际效用要大;但在农村地区,受制于简单分散的生产方式以及要素流动和配置尚未得到充分实现,农村居民实际收入的增长落后于城市居民实际收入的增长,从而在促进需求满足、不断提升共享的层次和水平方面也将落后于城市地区。此外,收入差距的代际转移和贫困的累加将会进一步增加城乡居民实现共建共享的不均衡性。

城乡二元结构下的资源流动和配置形成对共建共享的制约。城乡二元结构作用于生产过程,形成资源配置的二元分割,加剧城乡居民的收入差距,制约实现共建共享。我国在生产力不发达的条件下进入社会主义社会,在社会主义制度建立初期,国际社会处于资本主义和社会主义两大阵营尖锐对立的时期,以美国为首的资本主义阵营对社会主义的中国进行政治孤立、经济制裁、军事封锁,建立一个独立而完整的工业体系成为当时重要的任务,为了尽快完成在我国实现工业化的任务,当时的中国借鉴苏联实现工业化的发展经验,对农业和资本主义工商进行社会主义改造,对农业的改造以促进工业发展为目标,从而也就形成了我国当前城乡二元对立的社会结构,这一结构不仅在经济结构上是二元对立,而且在政治结构上也是二元对立,特别是以户籍制度为依附的"城市"和"农村"两大板块的分割,形成了对人口在"城市"和"农村"之间居住、择业、劳动的限制,劳动力市场呈现城乡二元分割的发展状态,处于一级劳动力市场的劳动者工作稳定、工资待遇较高、进入门槛较高且竞争者少,而一级劳动力市场多在经济较为发达的城市,农村地区则较少,并且二级劳动力市场的劳动者很难进入这一劳动力市场,处于二级劳动力市场的劳动者则工资待遇较低、工作不太稳定且竞争者众多,这就人为地压低了处于二级劳动力市场的劳动者的工资。这种二元分割的现状不仅体现在劳动力市场中,而且存在于要素市场,城乡要素市场的二元分割既形成了农村要素市场发展相对滞后的现状,也阻碍了要素在城乡之间的流动和配置,这就使农村地区生产力落后的发展现状难以通过要素的流动切实得到改善,农民难以从要素市场获取合理的收益,从而阻碍实现全民共建共享。

城乡二元社会结构下形成了两种完全不同的社会生产方式,进而形成了城乡居民之间"隐形"和"潜在"的收入差距,制约全民共享的实现。城乡二元结构的持续存在使城乡之间形成了具有显著差异的城市现代文化和农村乡土文化,城市现代文化以工业经济和现代服务业发展为支撑,农村乡土文化以发展农业生产为特点,并且科学技术向生产力的转化发展常常是在城市社会化大生产的方式下进行,向农业生产的转化受到地域环境和分散生产的限制难以实现,因而使城乡居民之间收入来源呈现显著差异,城市居民收入来源多元多样,农村居民收入来源途径则较为单一,从而加剧城乡居民之间经济收入上的差距。此外,我国城乡二元分割是以户籍制度为标志,城乡居民在享受社会保障、就业机会、医疗卫生服务、教育资源等方面都依附于户籍制度,从而呈现二元分割的特点。虽然2014年这种城乡分离的户籍制度得以改变,但城乡居民在享有福利待遇方面的差异仍然存在,社会保障制度、医疗卫生服务、就业机会、教育资源仍没有完全消除二元分割的印迹,这也就形成了城乡居民在享受社会服务、提升人力资本水平、获取公平竞争机会、促进收入增长方面的差距,从而阻碍实现全民共建共享。

二、区域之间的收入差距制约实现共享

区域经济发展不平衡是全球性的问题,从世界范围来看存在南北发展不平衡的问题,从而制约实现全球共建共享。从一个国家内部来看,不同区域之间存在发展不平衡的问题,我国东部地区、中部地区、西部地区和东北地区存在较大的区域差异,除了地形地貌等自然条件和人文环境的差异之外,不同地区居民的收入差距成为区域发展不平衡的最显著的特征,收入作用于居民的消费水平和消费结构,从而制约实现全民共建共享。

我国区域发展不平衡既有自然和历史原因,又有现实和政策的因素。由于各地区先天的自然地理条件和区位优势各不相同,以及依据不同区位优势实施不同的区域发展政策,伴随改革开放的历史进程,区域收入差距随之产生并在我国长期存在。"2014年东部地区人均可支配收入为25954元,中部地区人均可支配收

人为 16867.7 元,西部地区人均可支配收入为 15376.1 元,东北地区人均可支配收入为 19604.4 元"①,如果把西部地区居民收入看作 1,东部地区居民收入为 1.69,中部地区居民收入为 1.1,东北地区居民收入为 1.27;2020 年东部地区人均可支配收入为 41239.7 元,中部地区人均可支配收入为 27152.4 元,西部地区人均可支配收入为 25416 元,东北地区人均可支配收入为 28266.2 元,如果把西部地区居民收入看作 1,东部地区居民收入为 1.62,中部地区居民收入为 1.07,东北地区居民收入为 1.11。② 虽然近年来区域之间的收入差距逐渐缩小,但仍存在明显的差距,东部地区居民人均可支配收入显著高于中西部地区,这在一定程度上制约实现全民共享。

第一,由特殊的区域发展政策形成的收入差距制约实现全民共享。改革开放初期,为了实现经济的快速发展,提升社会生产力发展水平,我国实行对外开放的发展政策,但这一政策的实施是一个渐进的过程,沿海城市由于其区位优势率先实现了对外开放,1984 年《沿海部分城市座谈会纪要》指出"我国在新的历史时期实行对外开放政策,有一个逐步发展的过程。沿海港口城市由于其地理位置、经济基础、经营管理和技术水平等条件较好,势必要先行一步"③,1985 年《长江、珠江三角洲和闽南厦漳泉三角地区座谈会纪要(节录)》指出"我们应当不失时机地把沿海的经济建设作为重点,从各方面支持其发展得更快一些,并以此为阵地支援内

---

① 国家统计局编:《中国统计年鉴》(2021),中国统计出版社 2021 年版,第 179 页。
② 国家统计局编:《中国统计年鉴》(2021),中国统计出版社 2021 年版,第 179 页。
③ 中共中央文献研究室:《十二大以来重要文献选编》上,人民出版社 1986 年版,第 449 页。

地的开发,推动全国的社会主义现代化建设"①,沿海开放城市在国家的政策支持下,享有行政审批、政策支持、税收、国外资金和技术方面的特殊优惠,实现了东部地区的率先发展,这一方面有助于提升东部地区居民共享经济发展成果的程度和水平,但另一方面也形成了东部地区与其他地区的发展差距和共享差距,制约实现全民共享。特别是在东部地区实现率先发展之后,如果未能对中西部和东北地区形成辐射带动作用,区域之间的发展差距将会越来越大,全民共享的程度和水平也将形成严重的区域发展不平衡。

第二,由地区分割形成的收入差距制约实现共建共享。区域内部各个部门之间相互联系形成一个完整的系统,同时区域经济作为一个系统来说又是更大系统的一个子系统,各个子系统之间相互联系、相互依托,形成一个有机整体。1978 年实行改革开放以来,"在原有的计划经济体制下形成的地区经济增长方式和地区分工格局被冲破后,适应新体制的增长方式和分工格局尚未形成,多数地区盲目追求增长速度和外延型扩张,重复建设以及由此带来的产业结构趋同、地方保护、地区分割、市场封锁阻碍了资源合理配置与经济效益的提高"②,除了充裕而又廉价的劳动力要素在区域之间实现双向流动之外,其他生产要素,特别是要素生产率较高的生产要素,存在从相对不发达地区向发达地区单向流动的趋势,并在发达地区不断聚集,尚未在区域之间实现双向自由流动和优化配置,区域之间经济发展缺乏比较优势,难以形成优势互补和竞争特色。地区分割和重复雷同建设的结果是区域之间发展差

---

① 中共中央文献研究室:《十二大以来重要文献选编》中,人民出版社 1986 年版,第647 页。

② 张海星、谷成:《振兴东北老工业基地与财税政策的选择》,《税务研究》2004 年第 6 期。

距越来越大，率先发展起来的区域未能发挥对其他落后区域的引领带动作用，从而使不同区域居民之间生活水平和收入水平存在差距，制约实现共建共享。

第三，区域财富逆向流动制约实现全民渐进共享。区域收入差距的形成既是先天条件作用的结果，也是后天区域财富逆向流动累加的结果，后者主要表现在以下三个方面：间接税的异地征收和使用、国有企业和土地收益的地方共享以及人力资本水平区域内部累加。首先，税收理应取之于民用之于民，但我国间接税的"取"和"用"在地域上发生了错位。间接税主要是面向消费者征收的税种，是我国税收的重要组成部分，区域经济发展水平的差距形成了不同区域之间消费水平和层次的阶梯化发展，东部地区特别是北、上、广、深等少数发达城市的消费层次相对较高，吸引众多消费者，这使消费税的"税源地"和"使用地"发生了分离，社会财富从不发达地区向发达地区逆向流动。其次，国有企业收益和土地收益本应由全民共享，但我国现行的国有企业管理办法是以国有企业经济支出为主，国有资本经营收益虽有上缴，但主要是在企业内部进行循环，国有资本收益的支配权实际上掌握在各级政府手中，并且土地收益逐渐演变为地方政府财政收入的主要来源，经济发达地区的国有企业和土地转让发展较为强劲，因而形成了国有企业收益和土地收益从不发达地区向发达地区的财富逆向流动，制约促进全民渐进共享。最后，提升劳动者的人力资本水平是每个社会成员基本的发展权利，但人力资本的外部性、收益的递增性和持久性以及经济发展对人力资本的回馈与补偿使人力资本在经济发达地区进行累积，这一方面使发达地区的人力资本和经济发展实现了良性循环，另一方面则使人力资本收益从不发达地区向发达地区逆向流动,从而制约实现社会发展促进人民提升共享层次和水平的发展目的。

三、居民内部的收入差距制约实现共享

新时代共建共享是以全体居民收入的不断增长和社会财富的公平分配为基础,居民内部收入差距的存在制约了共享发展理念在我国的落实,不仅使居民在享有物质生活资料上存有差异,而且在享有精神生活资料和增强精神获得感上也存在较大的差距,在边际效用递减规律作用下,一部分居民的消费需求得到满足的程度接近上限,另一部分居民的消费需求则无法得到满足,从而使民众整体的消费需求受到了抑制,物质层面和精神层面双重差距的累积大大削弱了民众的幸福指数和精神获得感。此外,过大的收入差距会导致财富分配的过分集中和贫困的代际转移,甚至在一定程度上会形成社会阶层的固化,不利于公平正义在全社会的实现。

改革开放以来,为适应和促进社会生产力的发展,我国确立了"公有制为主体、多种所有制经济共同发展"的基本经济制度[①],与这一基本经济制度相适应,在分配领域确立了"按劳分配为主体、多种分配方并存的制度"[②],"多种分配方式并存"有助于促进社会生产力的发展,但也带来居民内部收入差距的产生,并且在经济全球化的时代背景下,市场经济体制的竞争机制将也会引起居民内部收入差距的产生。依据居民收入五等份的统计方法,居民按收

---

① 江泽民:《高举邓小平理论伟大旗帜　把建设有中国特色社会主义事业全面推向二十一世纪——在中国共产党第十五次全国代表大会上的报告》,人民出版社 1997 年版,第 22 页。

② 江泽民:《高举邓小平理论伟大旗帜　把建设有中国特色社会主义事业全面推向二十一世纪——在中国共产党第十五次全国代表大会上的报告》,人民出版社 1997 年版,第 26 页。

入五等份分别划分为低收入户（20%）、中等偏下户（20%）、中等收入户（20%）、中等偏上户（20%）、高收入户（20%），2014—2020年农村居民内部高收入户与低收入户的比分别为 8.65、8.43、9.46、9.48、9.29、8.46、8.23，高收入户与中等收入户的比分别为 2.52、2.52、2.55、2.61、2.72、2.58、2.62，2014—2020 年城镇居民内部高收入户与低收入户的比分别为 5.49、5.32、5.41、5.62、5.9、5.9、6.16，高收入户与中等收入户的比分别为 2.31、2.24、2.23、2.28、2.41、2.42、2.45，2014—2020 年全国居民高收入户与低收入户的比分别为 10.74、10.45、10.72、10.9、10.97、10.35、10.2，高收入户与中等收入户的比分别为 2.89、2.82、2.83、2.89、3.05、3.05、3.06①，全国范围内农村居民内部的收入差距显著高于城镇居民内部的收入差距，并且就最近两年来说，居民内部的收入差距不断加大，特别是农村内部和城镇内部高收入户与低收入户的收入差距近年来持续加大，这一差距的存在制约实现全民共建共享。

由垄断所形成的居民内部收入差距制约实现共建共享。一定时期内，由于对天然垄断、行政垄断等垄断行业的监管不到位，在我国形成了不同行业之间的收入差距，并且行业之间的收入差距传导为居民内部的收入差距，垄断性行业收入较高，比如航空运输业、银行业、烟草业和石油业等行业，而竞争性行业收入较低，比如纺织业、餐饮业、农林牧渔业和加工制造业等行业。垄断性行业和竞争性行业存在的过大收入差距使人力资本出现资源错配的现象，高质量的人力资本在高收入的驱使下向少数垄断行业过度积聚，并且垄断性行业的存在常常与政府的行政干预密切相关，除聚

---

① 根据《中国统计年鉴》（2021）整理计算所得。

集一批高质量的人力资本之外,还会使低质量的人力资本在行政手段的干预下进入能够获取高收入的垄断行业。在第一种情况下,高收入的垄断行业则会与低收入的竞争性行业形成对获取人力资本的竞争关系,使低收入的竞争性行业难以获取不断推进行业优化升级所需要的高质量的人力资本,进而使高收入的垄断行业和低收入的竞争性行业的居民内部的差距越来越大,不利于实现全民共建共享。在第二种情况下,则会形成人力资本在垄断行业的错配,既使劳动者不能实现"同工同酬"、共建共享,也将制约垄断性行业自身的长远发展。因此,无论哪种情况,垄断特别是由行政手段产生的垄断所形成的居民内部的收入差距都将制约实现全民共建共享。

由收入分配秩序混乱形成的居民内部收入差距制约实现全民共享。居民内部收入差距在我国的存在,一方面是我国发展社会主义市场经济必然会出现的现象,另一方面则与我国收入分配秩序不规范密切相关。收入分配秩序不规范主要表现在以下几个方面:首先,偷税、漏税行为的存在使个人所得税的调节作用难以有效发挥,由于缺乏合理的收入监测方法,税务部门无法对个人收入进行动态的监测,使税收的调节功能无法得到有效发挥,并且导致了偷税、漏税等行为的存在,阻碍实现全民共享。其次,由于我国是从计划经济体制逐步转向社会主义市场经济体制,"双轨制"曾在我国长期存在,政府的行政干预和市场自由竞争相结合,这在一定程度上克服了市场经济自由竞争的弊端,但也给权力"寻租"创造了生存的空间,权钱交易、贪污腐败不断蔓延,不法收入、灰色收入虽然难以准确统计,但对社会造成了不良影响,破坏了收入分配的合理规则,形成对实现全民平等共享机制的破坏。最后,"由于监管机制不健全,出现了国有或集体所有资产被拥有经营权或实际控制权的少数人所占有的现象"①,一方面导致国有资产大量流失,形成对国家利益的损害;另一方面使在国有企业内部出现国企高管和普通职工之间较大的收入差距,不利于实现全民共享。

---

① 熊晓琳、任瑞姣:《以共享发展理念引领我国收入分配制度改革》,《思想理论教育导刊》2019 年第 1 期。

第五章　共享发展理念视域下
分配公平的实现路径

　　分配公平与社会生产关系紧密相关,资本主义私有制条件下,实现分配公平的制度和程序设计上看似脱离阶级对立与阶级差异,旨在促进实现全体社会成员之间的公平正义,但其本质上遵循的是资本逻辑的内在规律,维护的是占有生产资料的少数阶级和个人的利益。在社会主义公有制条件下,社会分配以现阶段的生产力发展水平为前提,以实现全民共建共享为目标,推动实现分配公平的过程也是在收入分配领域落实共享发展理念的过程,因而要以共享发展理念的价值意蕴为指导,立足共享发展理念视域下分配公平的现实挑战,着力从社会分配原则、分配机制和分配结果三个方面切实推动实现社会分配公平正义,促进全民共建共享,不断为推动社会的全面进步和人的全面发展创造有利条件。

第一节　完善分配原则,体现共享本质

　　共享发展是与社会主义制度紧密相连的发展理念,"十三五"

规划中指出"共享是中国特色社会主义的本质要求"①,社会主义公有制是共享发展的制度基础,因而共享与部落所有制条件下的"群享"和私有制条件下的"私享"之间存在本质区别。共享发展的性质与我国公有制占主体、多种所有制经济共同发展的所有制结构相联系,与所有制结构的性质和内容相适应,在分配方式上一方面要不断巩固和完善按劳分配的原则,另一方面由于公有制经济之外存在多种所有制经济,因而在坚持按劳分配的主体地位的同时要不断完善按生产要素分配。按劳分配为全民共享提供了实现形式,按生产要素分配则有助于推动实现全民参与共建,按劳分配与按生产要素分配的结合体现了共建与共享的有机统一。

一、完善所有制结构以奠定共享的基础

社会主义在中国经历了新民主主义革命和社会主义革命两个阶段,"三大改造"的完成使生产资料公有制在全社会范围内得以确立,从而消除了剥削赖以存在的制度基础,为实现分配公平,促进社会享有方式由"私享"向"共享"转变奠定了所有制基础。同时由于社会生产力水平不发达,我国逐步确立了"公有制为主体,多种所有制经济共同发展"的所有制结构②,在巩固和完善公有制经济的主体地位的同时,"毫不动摇地鼓励、支持、引导非公有制经济发展"③,特别是以发展混合所有制的经济形式推动国有企业改革,从而为实现全民共享创造丰富的物质条件。

---

① 《中华人民共和国国民经济和社会发展第十三个五年规划纲要》,人民出版社 2016 年版,第 15 页。

② 江泽民:《高举邓小平理论伟大旗帜　把建设有中国特色社会主义事业全面推向二十一世纪——在中国共产党第十五次全国代表大会上的报告》,人民出版社 1997 年版,第 22 页。

③ 《胡锦涛文选》第二卷,人民出版社 2016 年版,第 632 页。

　　公有制是实现社会分配公平的所有制基础。蒲鲁东作为小资产阶级思想的代表人物极力反对资产阶级私有制,他从资本主义社会私有制所造成的不平等的现状出发主张废除生产资料所有制,认为一切社会的弊端都是所有权导致的,并且其认为私有制和共产制的目的都是好的,但结果都是坏的,只有自由社会即无政府状态才是理想的社会状态。但是在生产力不发达的情况下试图废除生产资料所有制,建立无政府的社会显然是不切实际的想法。空想社会主义者们虽然认识到"所有制是社会大厦的基础"①,生产资料占有的不平等将会使剥削得以产生,但是由于其无法对资本主义剥削关系作出科学的阐释,看不到无产阶级与资产阶级之间矛盾与冲突的尖锐性,更不会把生产资料私有制作为剥削的根源来加以分析,即使在理论上倡导用公有制代替私有制以消除剥削和社会冲突,但在实践过程中却走上了阶级调和的道路。马克思在批判空想社会主义的基础上对未来取代资本主义制度的社会制度进行了科学设想,其指出无产阶级革命的首要任务是要消灭私有制,"现代的资产阶级私有制是建立在阶级对立上面、建立在一些人对另一些人的剥削上面的产品生产和占有的最后而又最完备的表现。从这个意义上说,共产党人可以把自己的理论概括为一句话:消灭私有制"②,只有消灭私有制才能彻底消灭剥削,只有消灭剥削才能实现全体人民的共建共享和共同富裕,才能为在全社会实现分配公平,并进而实现人与人之间的实质平等创造条件。

　　公有制为实现共建共享创造了有利的社会条件。现阶段,西方资本主义私有制不仅造成国家内部的阶级对立,而且形成世界

---

① 《吴易风文集》第二卷,中国人民大学出版社 2015 年版,第 164 页。
② 《马克思恩格斯选集》第 1 卷,人民出版社 2012 年版,第 414 页。

发展不平等的全球现状。当前西方新自由主义极力主张"私有化、自由化、市场化"的改革模式,私有化和市场化的结合使私有制在全社会范围内最大限度地追求个人利益,造成社会较大收入差距的出现,"目前,在有的西方发达国家,占总人口 0.1% 的最富有家庭拥有财富已经和占人口 90% 的家庭不相上下"①,并且以自由化和市场化的结合使发达资本主义国家的金融寡头在全球范围内肆无忌惮地扩张,以牺牲其他国家的利益换取自身的发展权利和发展机会,从而加剧了国家间发展的不平衡,西方资本主义私有制条件下的发展逻辑既造成了国家内部较大的收入差距,也造成了国家与国家之间的发展差距。公有制是相对于私有制的一种所有制结构,不同于资本主义私有制条件下的剥削逻辑和"零和博弈",公有制条件下生产资料归国家或集体所有,生产资料不再被排他性地占有,而是为共同体中的全体劳动者共同占有和使用,这种共同占有摆脱了一个阶级凭借对生产资料的占有对不占有生产资料的阶级进行剥削的所有制基础,使财产失掉它的阶级性质,所有社会成员将共同使用生产资料从事生产活动,在共建过程中不断实现共享。

完善公有制占主体的所有制结构要以发展混合所有制经济推进国企改革。"国有资本、集体资本和非公有资本等交叉持股、相互融合的混合所有制经济"是未来国企改革的重要方向,混合所有制经济的发展要"有利于国有资产保值增值、有利于提高国有经济竞争力、有利于放大国有资本功能"②。推进国有企业改革,要按照国有企业的功能分类,以现代化灵活多元的产权结构为标

① 李文:《新自由主义破产是时代发展的必然》,《经济日报》2017 年 4 月 14 日。
② 《习近平谈治国理政》第二卷,外文出版社 2017 年版,第 175 页。

准,推动国有企业产权结构的多元化。对于纯公益性的国有企业要剥离其非公益性的社会功能,对其竞争性业务进行转让,对于介于纯公益性和完全竞争性之间的国有企业,推进混合所有制改革是其主攻方向。对于某些垄断行业中的非垄断性业务要不断放开,引入社会资本和市场竞争机制,通过自下而上的产权结构改革,不断实现国有企业产权结构向混合所有制经济方向发展,从而有助于盘活国有资产,推动国有资产保值增值,同时有助于民间资本流入优质企业,形成居民的财产性收入,不断提高收入水平。此外,在推动国有企业向混合所有制方向发展的同时要加强对国有资本的监督和管理,完善监督体制,提高国有资本运作效率,防止国有资本流失。

完善公有制占主体的所有制结构要培育具有全球竞争力的国有企业。"国家和集体所有的资产占优势,在现阶段就是不仅要保持量的优势,更应注重质的影响,国有经济主导作用主要应该体现在控制力上。"[1]在资本全球化不断推进的时代背景下,国有企业的主导地位还体现在其全球竞争力上,党的十九大报告指出:"深化国有企业改革,发展混合所有制经济,培育具有全球竞争力的世界一流企业。"[2]培育国有企业的全球竞争力要不断提升其现代化的创新能力,要综合利用国有企业在资金、平台、人员等方面的竞争优势,立足企业自身的技术创新体系,注重企业的研发投入和技术攻关,形成具有竞争力的核心技术创新能力和优势技术。同时要不断通过兼并、重组等方式减少国有企业的数量,淘汰一批

---

[1]　《江泽民文选》第一卷,人民出版社 2006 年版,第 615 页。

[2]　习近平:《决胜全面建成小康社会　夺取新时代中国特色社会主义伟大胜利——在中国共产党第十九次全国代表大会上的报告》,人民出版社 2017 年版,第 33 页。

产能过剩企业和经济效益长期不佳的"僵尸企业",对一些分散的、业务相近的中小型国有企业进行合并重组,形成优势互补和资源共同利用的长效机制,以不断提高国有企业的国际竞争力,从而更好地发挥国有经济在我国经济发展过程中的主导作用,巩固公有制经济的主体地位。

二、完善按劳分配以体现全民共享

公有制是实现共建共享的所有制基础,按劳分配是落实共享发展的当代分配形式,因此,在共享发展理念视域下推动实现分配公平要完善按劳分配原则以凸显分配的主体性。在公有制条件下,按劳分配是劳动者获取劳动报酬的重要途径,不断完善按劳分配原则有助于提高劳动者的劳动报酬和收入水平,增强居民的消费需求,推动实现全民共享。

一定社会的分配方式与所有制结构的性质相适应。一定性质的社会生产关系集中表现为生产资料所有制关系,"分配关系本质上和这些生产关系是同一的,是生产关系的反面,所以二者共有同样的历史的暂时的性质"[①]。在自然共同体和亚细亚的所有制形式下,生产力水平极其低下,人们因血缘和姻亲关系结成部落,共同占有和利用土地,部落是人民占有和利用土地的前提而不是其结果,在这样的共同体中每一个单个的人并不占有任何财产,只有作为共同体中的一员才共同占有财产。随着生产力的发展,在古代的所有制形式中,共同体摆脱了对自然的依赖关系,个人不再是作为社会成员占有财产,而是直接成为在公社占有一部分土地

---

① 《马克思恩格斯选集》第 2 卷,人民出版社 2012 年版,第 648 页。

而并列存在的土地私有者,公社成为自由平等的私有者之间对抗外界的保障。在日耳曼的所有制形式中,公社仅仅成为土地私有制的补充,每一个家庭都是一个独立的经济体,可以独立存在作为生产中心。生产力的不断发展将会产生新的共同体,这时旧的统治关系和占有关系将会解体,新的共同体将被生产出来,在这种共同体中,资本支配一切的生产和交换,社会形成了以资本为中心的生产关系,生产资料集中于资本家手中,劳动者不占有或占有较少生产资料而在受资本家雇佣的条件下从事生产活动,从而在财富分配上形成了资本主义的分配关系,资本家通过榨取工人创造的剩余价值维持社会的再生产,工人靠出卖劳动力获取劳动报酬以维持其基本的生存需要。而在社会主义初级阶段,生产资料公有制的主体地位得以确立,这为在我国实行按劳分配奠定了所有制基础。

按劳分配为实现全民共享提供了分配原则基础。按劳分配取代按资分配消除了分配关系中的剥削本质有助于实现全民共享。按劳分配建立在生产资料公有制的基础之上,摆脱了私有制条件下按资分配的剥削本质,从而确立了分配过程中劳动者的平等地位和平等权利,实现了劳动者在分配过程中的形式上的平等。虽然实行按劳分配过程中由于劳动者个人条件的差异会形成收入的不平等,但这种弊端尚不能形成对按劳分配本质的否定与超越,在公有制条件下,完善的按劳分配原则既在分配本质上体现公平,又在分配结果上促进效率,为实现全民共享提供了制度保障和物质基础。同时,按劳分配向按需分配的发展转化有助于实现全面共享。由于按劳分配只能实现分配形式上的平等,尚不能实现社会成员之间的实质平等,因而在马克思的设想中,在共产主义的高级阶段按需分配将取代按劳分配成为社会的分配原则,"需要"替代"劳动"成为分配的重要尺度,"需要"所体现的客体"人化"过程消除了个体差异所体现出来的分配不平等,实现了分配对人的需要的充分满足和人与人之间的实质平等,从而为实现所有人的全面共享提供了分配原则保障。

坚持和完善按劳分配要创新按劳分配的实现形式以促进共建共享。在市场经济条件下,创新按劳分配原则既要避免过分强调分配结果公平而走向平均主义,又要避免过度市场化而走向两极分化,要在坚持国家宏观调控对按劳分配的调节作用的同时引入市场竞争机制,使社会主义和市场经济的结合体现在按劳分配的过程中,使劳动者在按劳分配的过程中既能充分释放其劳动潜能,又能够分享经济社会发展成果,从而实现劳动者的劳动报酬能够反映劳动者个体在经济社会发展中的贡献、劳动报酬的提高与经济社会的发展保持同步的发展目的。因此,首先,创新按劳分配的实现形式要形成对劳动报酬的准确衡量。由于信息化时代创新、技术、人力资本等无形的知识要素在经济社会发展中发挥着越来越重要的作用,形成对劳动报酬的准确衡量要在理论上推动劳动价值论的创新发展,使无形知识要素的价值通过简单劳动和复杂劳动的相互转化体现在劳动力价值中,更要在实践中构建能够反映新型劳动者劳动贡献的薪酬结构,充分体现新型生产要素对劳动者的劳动效率提升所作出的贡献,对劳动量大小的衡量要充分反映劳动者掌握科学技术和新型技能的水平,鼓励社会成员积极学习新技能以推动社会生产率水平的不断提高。比如,可以使用奖金、津贴等方式对在劳动过程中有特殊贡献和发挥创新引领作用的个人进行激励,以达到劳动者能够得其所得、共建共享的发展目的。

　　其次,创新按劳分配的实现形式要推动按劳分配原则与其他分配原则的协调发展。在马克思的理论中按劳分配和按需分配是适应于社会不同发展阶段的分配原则,按需分配原则是对按劳分配原则的超越,但"劳动"与"需要"之间并不是截然对立、相互矛盾与冲突的两个概念,"劳动"的自我实现和完满状态与"需要"在本质上是一致的,按需分配与按劳分配之间并不是完全的否定与替代关系,而在本质上具有内在一致性,"劳动"的过程既是人的"需要"推动的过程,也是满足人的"需要"的过程。在不同的社会生产力水平下,受客观条件和主观认识的影响,坚持按劳分配原则的侧重点各不相同,按劳分配原则的发展经历了从实现社会平等、注重提高生产效率到关注社会公平的发展演变。现阶段实行按劳分配原则既要提高社会生产效率创造社会财富,也要提高全体劳动者的收入水平以满足人的需要,在人的需要日益多元和丰富的时代背景下,坚持实行按劳分配要与按需分配相结合,从而有助于满足全体社会成员的生活需求,推动实现全民共建共享。此外,混合所有制经济是我国未来经济的发展方向,在混合所有制经济中,特别是公有制占比较大的混合所有制经济中,实行单一的按劳分配既不能满足所有制结构的要求,也不利于发挥不同生产要素的效用以促进社会生产力的发展,因此要探索实行按劳分配与按生产要素分配在企业内部相结合的分配形式,从而达到既充分发挥生产要素效用,又不断提高公有制经济生产效率的目的。

　　坚持和完善按劳分配要理顺公有制企事业单位内部的分配关系以促进全民共享。当前,在我国存在的收入差距与事业单位和国有企业内部分配秩序有待进一步完善紧密相关,在事业单位内部存在"平均化"的分配关系,事业单位的工资水平普遍较低,工资内部缺乏激励机制,外部缺乏竞争与社会监督,在这种薪酬体系下容易催生腐败和不合理行政收费等现象,因此要着力在事业单位内部引入市场竞争机制,打破事业单位的财政依赖,着手进行绩效工资改革,提高事业单位职工的竞争意识,增强其核心专业素养和服务意识。此外,对于事业单位的各种行政性收费项目要予以公开,对职工的福利和工资待遇要形成长效的社会监督机制,避免不合理收入的存在造成社会收入分配的不公平。在国有企业内部,工薪阶层和管理层的收入形成了极大的差距,这种差距的存在既影响社会公平和全民共享,也影响促进国有资本经营效率的提高,因此要着力加强政府的宏观调控,不断缩小国有企业内部的工资差距,对过高的薪酬水平既要抑制工资过快增长又要取缔工资之外的不合理收入,对过低的薪酬水平则既要提高普通职工的工资水平又要完善保障工资持续增长的外部条件,从而使国有企业的薪酬体系能够切实反映劳动者在生产中的劳动贡献和管理者对企业所做的业绩贡献,使劳动贡献和业绩贡献与劳动报酬和管理薪酬之间形成合理的比例关系。

三、完善按要素分配以体现共建共享

按要素分配是与多种所有制经济相适应的分配原则,实行按生产要素分配有助于推动生产要素在全社会的自由流动和优化配置,释放不同生产要素参与社会生产的活力,让一切财富的源泉在要素报酬的激励下得以充分涌流。同时,资本、技术、劳动、管理、服务、信息知识等生产要素充分参与社会生产并在生产过程中相互结合,有助于提高社会的全要素生产率,为在全社会实现分配公

平和共建共享提供了物质前提。

按要素贡献进行分配体现了共建共享的内在要求。要素所有权是实行按要素分配的理论依据,要素贡献的大小是实行按要素分配的数量依据,按生产要素贡献进行分配在分配的本质目的和分配方法上体现了共建共享的发展要求。马克思价值理论的内容包括价值创造、价值形成、价值分配等几个部分,在价值创造和价值形成问题上,虽然马克思认为抽象的一般人类劳动是价值的源泉,物化劳动不创造新价值,在商品价值形成过程中,其转移的只是旧价值,但生产要素的使用为价值创造提供了有利条件。现阶段,我国在公有制经济之外存在多种所有制经济,虽然其保持着非公有的社会性质,但其存在的本质目的不是剥削,而是和公有制经济一道共同促进社会生产力的发展,因而在发展目的上体现了共建共享的社会性质的内在要求。同时,由于各生产要素归属于不同的所有者,并且生产要素在经济发展过程中的贡献越来越大,特别是知识、技术、管理等生产要素,按照不同生产要素贡献的大小进行分配,给予各种生产要素合理的要素报酬,有助于激发要素所有者参与建设的积极性,从而在分配方法和分配过程中体现了共建共享的发展要求。

第一,坚持和完善按生产要素分配要推动要素占有平等化。收入差距的产生具有必然性,收入差距的扩大也并不必然会导致贫富分化,但在收入差距助推私人投资和积累的背景下,收入差距将会逐渐演变为两极分化,这时贫困的积累将会使贫穷成为贫穷的原因,财富的积累将会使富有成为富有的原因,因此要着力推动居民要素占有的平等化。当前生产要素不仅包括传统有形的生产要素,如资本、土地等,还包括无形的生产要素,如知识、技术等。

在传统有形的生产要素方面应从以下几个方面着手:一是要为居民提供更多的投资和创业机会,拓宽居民投资和创业的渠道,完善企业股权制度,允许职工以资金、技术、管理、知识产权等入股,形成企业职工的要素收入。二是要完善农村宅基地和土地承包权的流转制度,允许农民在本集体组织内有偿转让其宅基地和承包土地的经营权以获取收益,在条件具备时,可以尝试进一步完善农村宅基地和承包土地的交易市场,形成农村土地流转的长效机制,增加农村居民持有要素的数量。在无形的生产要素方面,对无形生产要素的占有集中体现为对人力资本的占有,知识、管理、技术等成为重要的生产要素,并且在分配过程中具有较高的权重,这些因素都将以人力资本的形式体现出来,基于我国人力资本分布不均衡的发展现状,贫困地区和农村地区的人力资本在起点上较为落后,因而要着力提高贫困地区和农村地区的受教育水平,提升教育质量,同时要加大对低收入人群的教育投资,使低收入人群不因贫困而丧失受教育的机会,从而缩小不同地区居民在无形生产要素占有上的不平等。

第二,坚持和完善按生产要素分配要推动产权制度完善化。建立统一开放、竞争有序的要素市场要推动要素产权制度完善化。李克强总理在政府工作报告中指出,"产权制度是社会主义市场经济的基石"[1],所有权是按要素分配的依据和基础,只有"建立归属清晰、权责明确、保护严格、流转顺畅的现代产权制度"[2],才能有效推动生产要素的顺畅流转与公平收益。在宏观产权体系建构

---

① 《政府工作报告——2018年3月5日在第十三届全国人民大会第一次会议上》,人民出版社2018年版,第26页。

② 中共中央文献研究室:《十六大以来重要文献选编》上,中央文献出版社2005年版,第467页。

方面,要处理好公有制经济和非公有制经济之间的关系,"要坚持和完善公有制为主体、国有制主导、多种所有制共同发展的产权体系,以实现公有经济主体与非公经济辅体的有机统一"①。在产权归属方面,完善产权制度不仅要加强产权保护,还要对侵权行为进行严厉打击与惩处。尽管改革开放四十多年,我国现代产权制度基本确立,但在农村集体产权、知识产权等方面仍存在"短板"。因此,在知识产权方面,要着力加强对知识产权保护,形成对知识产权的清晰界定,增强知识产权保护意识,完善知识产权交易和收益规则,形成各类企业相互竞争、彼此支持的创新氛围。在农村集体产权方面,最重要的是在形成对集体产权的清晰界定基础上着力完善集体产权交易机制,确保农村居民凭借集体产权获取合理收益的基本权利。

第三,坚持和完善按生产要素分配要推动要素价格市场化。党的十八届三中全会指出"使市场在资源配置中起决定性作用和更好发挥政府作用"②,在市场经济条件下,要素价格是反映要素稀缺程度和有用性的重要指标,要素稀缺程度越高,价格就越高,稀缺程度越低,价格也越低,要素价格越是准确反映要素市场的供求情况越有利于优化要素配置,推动经济结构优化升级。但在我国一些生产要素价格存在严重扭曲,部分生产要素价格虚高,部分生产要素价格偏低,导致了生产要素出现资源错配和浪费的现象,因此要加快要素市场的完善发展,推动要素价格市场化。一是要打破行业壁垒、资源垄断、行政干预等主观人为因素对形成自由竞

---

① 高建昆、程恩富:《建立现代化经济体系,实现高质量发展》,《学术研究》2018 年第12 期。
② 中共中央文献研究室:《十八大以来重要文献选编》上,中央文献出版社 2014 年版,第513 页。

争的要素市场的干预,避免形成要素市场的二元分割,促进生产要素在要素市场的自由流动和优化配置;二是要按照权利公平、规则公平、机会公平的原则形成以市场为导向的要素价格竞争机制,排除行政性垄断和市场垄断对形成竞争性要素价格的干预;三是要加强政府的宏观调控,对于在要素市场形成的垄断性价格进行微观规制,使生产要素的价格保持在合理的范围之内,避免因垄断高价和垄断低价造成社会资源的错配。

第二节　健全分配机制,促进共建共享

共享发展在过程上旨在促进实现公平正义,公平正义在初次分配领域是以健全的分配机制为基础。完善的分配机制在起点上有助于实现权利平等和机会公平,在过程中有助于实现竞争规则公平,从而为实现全民共建共享提供机制保障。当前在坚持和完善基本分配原则的基础上完善分配机制,在起点上要不断提高劳动者的人力资本水平,增强劳动者参与共建共享的能力,实现所有社会成员共享权利平等和机会公平,在过程中要不断完善工资增长机制,拓宽居民增收渠道,努力破除原有分配机制所形成的城乡差异、地域分割和政策干预等,推动实现全体人民走向共同富裕,促进实现全民共建共享。

一、加大人力资本投资以增强共享能力

市场经济条件下,劳动者收入水平的提高既需要不断完善外部环境和条件以促进劳动力资源的优化配置和平等竞争,更需要

通过劳动者不断地接受教育和培训提升其自身的劳动能力,也即提升其人力资本水平。人力资本水平的提升有助于增强劳动者参与国内和国际市场的竞争能力,实现所有人在竞争起点上的机会公平,进而不断提高劳动者的收入水平,推动实现全民共建共享。由于人力资本的外部性、公共性、收益的长期性以及人力资本与产业结构升级和收入水平提高之间的紧密关系,当前提高劳动者的人力资本水平需要政府、企业和个人多管齐下、共同推动。

1.政府是提高劳动者人力资本水平的主导力量

人力资本的外溢效应和收益的长期性以及经济发展和人力资本积累双向互动的特质,决定了政府是人力资本投资的主导力量。由于各个地区经济发展条件的成熟程度不同,并且已有人力资本水平不同,使人力资本在经济发达地区持续累积,经济发展落后地区的人力资本水平积累则较低,在经济发展落后地区人力资本和经济增长之间陷入双低的恶性循环。因而从人力资本发展长期性、外部性和不平衡性出发,只有通过发挥政府的宏观调控手段,才能从根本上扭转落后地区人力资本水平低的发展现状。

推动教育资源分布均衡化,实现全民共享发展机会。教育在我国的发展是与工业化、现代化和城镇化的过程同步进行的,工业化、现代化与教育发展之间的相互促进助推了城镇教育的快速发展,工业化和现代化在区域之间发展的不平衡也使教育的发展程度和教育资源的分布呈现出不均衡的发展特点。随着工业化和现代化的发展,城镇化在一定程度上推动了我国农村地区教育的快速发展,但从整体来看,农村地区教育资源的分布严重滞后于城镇地区,并成为广大农村地区劳动力提高劳动报酬的重要制约因素,工业化、现代化和城镇化在我国的实现离不开城乡之间、区域之间发展差距的不断缩小,缩小这一差距最基础的力量是要实现教育资源分布均等化,因此要充分发挥政府转移支付手段在配置教育资源方面的重要作用,加大国家财政对贫困地区的直接拨款,用于促进贫困地区的教育基础设施的改善;要利用政策优惠和提升福利待遇的方法吸引广大青年人才到贫困落后地区教育领域就业,为落后地区教育质量的改善提供人才保证。此外,要积极探索发达地区教育资源与落后地区教育资源相整合的有效模式,实现发达地区对落后地区的传帮带,促进落后地区快速摆脱教育贫困,推动实现全民都具备共享发展机会的能力。

促进就业机会平等,实现全民公平参与竞争。平等的就业机会有助于实现劳动者报酬合理化,并在全社会形成有效激励机制,促进全体社会成员不断提高自身的人力资本水平以获取较高的劳动报酬,但现阶段我国在一定程度上存在就业机会不平等,这种不平等除了受劳动力市场二元分割的影响之外,人力资本分布不平衡的代际转移延续了这种不平等,从而制约了就业机会平等的实现。此外,由于我国的就业政策发展不完善,相同水平的人力资本在同一个劳动力市场中,因为性别、地域、年龄等因素形成竞争能力的较大差异。因此,在建立统一的劳动力市场的前提下,发挥人力资本对经济社会发展的积极作用,要加快消除制约实现就业机会平等的不合理政策的存在,努力消除就业歧视,排除性别、地域等主观人为因素对劳动者公平获取就业机会的干扰,构建劳动者之间公平竞争的社会环境。要建立完善的就业信息服务体系,建设基于信息网络的就业信息平台,实现就业信息面向全体劳动者公开,实现劳动者享受公共就业和保障服务的均等化。要完善公平就业竞争机制,构建就业市场供求双方的质量评价体系,形成劳动力资源的合理配置和供求平衡。

2. 企业是人力资本深化发展的重要推动力量

我国的人力资本在分布结构上存在严重的城乡和区域发展不平衡,在质量结构上存在供需发展不平衡,低水平的人力资本供给过剩,高水平的人力资本供给不足,这与我国低端产业占比较大的产业结构密切相关,产业结构的优化升级离不开人力资本的不断深化发展,同时人力资本的不断提升也离不开高级产业结构的引领和推动。产业结构优化升级是经济健康发展的内在要求,企业是产业结构优化升级的重要驱动力量,人力资本是产业结构优化升级的核心要素,企业对利润的追逐为产业结构优化升级提供了内在动力,同时在客观上为劳动者人力资本的提升创造了外在条件。

重视企业家人力资本的提升,增强企业创新能力。企业家是对生产要素进行优化组合的组织者和推动者,企业生产效率的高低与企业家才能密切相关,企业家才能是提高全要素生产率、优化升级全社会供给结构、提升供给质量的重要影响因素,同时企业家的人力资本水平较高则能充分发挥其推动企业创新发展的引领作用,并且个别企业的率先创新将会通过市场的竞争机制逐步形成整个行业,乃至全社会的创新环境。因此,发挥企业对提升人力资本水平的作用首先要重视企业家人力资本水平的提升。提升企业家人力资本水平要注重企业家自身通过教育、培训、学习等手段实现终身学习,形成对人力资本的持续积累与提升。要注重培养企业家的创新意识和创新能力,发挥其带领企业团队进行创新创业的引领作用,使其能够紧随时代发展推动企业实现转型发展。要形成鼓励企业家进行创新的社会环境,带领企业进行创新既要付出艰辛的劳动,更要承受较大的压力与风险,因此既要健全对创新成果的保护体系,更要完善奖励机制以激励全社会进行积极创新。

重视劳动者人力资本的提升,提高劳动者的竞争能力。我国是人力资源大国,劳动力资源具有数量上的优势,但尚未转变为人力资本强国,形成质量上的优势,丰富的劳动力资源支撑了过去几十年我国经济的快速增长,但简单劳动的持续增加并不能支撑我国经济的持续发展,并且现阶段我国劳动力资源优势已经逐渐消失,经济社会发展面临着转型升级的内在要求,依靠人才资本实现经济的高质量发展成为现实而紧迫的需求。企业处于经济发展的前沿阵地,对市场经济所释放出来的经济信号异常敏感,因此,企业要加大对提升劳动者人力资本水平的重视。首先,企业要重视对劳动者的在职培训和技能训练,使劳动者既可以通过"干中学"提高技能水平,也可以通过定期学习提升知识水平,在理论与实践的有效结合中提升其自身的人力资本水平。其次,企业要基于劳动者的人力资本对生产的贡献水平形成具有竞争性的劳动报酬体系,及时给予拥有较高人力资本的劳动者以回报,激励劳动者提高人力资本水平,并且由于人力资本投资与劳动者收入水平的正相关关系,劳动者收入水平的提高会促进劳动者增加对自身人力资本的持续投资。

3. 家庭是提高劳动者人力资本水平的主要力量

与政府投资的公益性和企业投资的逐利性不同,家庭投资则更加贴合劳动者自身的发展需求,因而这种投资更加全面和合理化,并且家庭对人力资本的投资是长期性的,从入学接受教育到未来职业发展都离不开家庭对人力资本的投资。近些年,随着居民家庭收入水平的提高,居民家庭收入对人力资本的投资无论在数量上还是种类上都有更大的发展。以教育文化娱乐为例,随着城乡居民收入水平的不断提高,居民在人力资本投资上的消费比例日趋变大,在城镇居民人均消费支出中,2020 年教育文化娱乐所占的比例为 9.6%[1],1990 年文教娱乐则为 8.8%[2],在农村居民人均消费支出中,2020 年这一比例为 9.5%[3],1990 年文教娱乐则为 5.4%[4],但家庭对人力资本的投资还需更进一步地不断完善和发展。

引导家庭人力资本投资以缩小城乡家庭之间的投资差异。投资环境是影响家庭投资积极性和主动性的重要影响因素,城乡之间在人力资本投资环境上存在较大的差距,从而使城乡家庭之间的人力资本投资产生了差异。城市在人力资本投资的资源、设备、社会氛围等方面优于农村地区,因而城市家庭更愿意为人力资本投资付出较大的成本,而农村地区由于教育资源有限、基础设施不健全、社会风气不鼓励对人力资本进行投资等,使得农村家庭在人力资本投资上的积极性不高。但对农村地区来说,对人力资本进行投资是人口向上流动的唯一途径,因此要引导农村地区家庭重视人力资本投资在提升农村人口向外流转能力方面的重要作用,鼓励其通过增强人力资本提升劳动能力,获取更多就业机会,实现工资收入的不断增加。要多渠道增加农村家庭提升人力资本的机会,在通过接受教育增加人力资本的同时引导农村剩余劳动力向

---

[1]　国家统计局编:《中国统计年鉴》(2021 年),中国统计出版社 2021 年版,第 12 页。
[2]　国家统计局编:《中国统计年鉴》(2017 年),中国统计出版社 2017 年版,第 12 页。
[3]　国家统计局编:《中国统计年鉴》(2021 年),中国统计出版社 2021 年版,第 12 页。
[4]　国家统计局编:《中国统计年鉴》(2017 年),中国统计出版社 2017 年版,第 12 页。

外转移,通过外出务工的实践锻炼增强其自身的人力资本水平,提升其进行人力资本投资的能力。

引导家庭人力资本投资以形成科学的人力资本结构。我国人力资本投资不仅存在城乡差异,而且在结构上存在重视基础教育和学历教育,忽视终身学习和实践锻炼对人力资本提升的重要性,因而我国人力资本投资多为重复性、盲目性投资,缺少对技术创新等具有竞争力的新型生产要素的投资。因此,要科学引导家庭人力资本投资的方向,在基础教育的投资上,特别是对孩子教育的投资上要以促进孩子的健康成长为目的,避免盲目性和强迫性,摒弃对职业技术教育的歧视,正确认识不同类型教育的价值和优势。同时要重视教育过程中创新的重要意义,要注重通过实践学习提升学生的创新能力,避免人力资本投资的重复性,切实增强人力资本的创造性。此外,家庭人力资本投资在重视成长教育的同时更要注重终身学习在人力资本形成中的重要价值,社会和个人的人力资本水平是一个不断提升的过程,随着人的不断成长,实践经验的增加,既有的知识体系会变得陈旧,亟须形成新的知识体系,新的知识体系的形成需要不断地接受再教育,只有通过终身学习才能适应经济社会的发展变化,只有既重视成长教育又重视后天能力提升,才能形成适应经济社会发展的人力资本结构。

二、完善工资增长机制以促进渐进共享

我国居民可支配收入主要包括"工资性收入、经营净收入、财产净收入、转移净收入"四个组成部分①,其中工资性收入在我国

---

① 国家统计局编:《中国统计年鉴》(2021),中国统计出版社 2021 年版,第 178 页。

居民可支配收入中所占比重较大，"2020年，工资性收入在我国居民可支配收入中所占比重为达到55.66%，经营净收入占比16.49%，财产净收入占比8.67%，转移净收入占比19.18%"①，劳动报酬是我国居民收入的重要组成部分，因此劳动报酬占比的高低和增长速度的快慢将对我国居民收入分配产生重要的影响，但当前在我国存在劳动报酬占比较低、劳动报酬增长和经济增长不同步的发展现状，这将制约实现全民渐进共享。

劳动报酬占比较低与劳资关系发展不均衡密切相关。劳资关系是政治经济学研究的最重要的经济关系，这一关系不仅体现在生产领域，也体现在分配领域。改革开放以来，我国逐步确立了社会主义市场经济体制，随着这一市场经济体制的不断完善发展，资本有机构成的不断提高，劳资之间的矛盾在我国突出地表现在收入分配领域，劳资之间的数量变化并没有使其相对价格的变化趋同，而是形成了较大的价格差距，劳资分配过度向资方倾斜，并且随着我国农村剩余劳动力向城市不断转移，以及城市下岗职工的存在，我国收入分配形成了"重资轻劳""富资贫劳"的基本格局，少数资本所有者在分配中获取了较多的收益，而劳动所有者所得报酬则较低，并且资本收益不断用于积累，资本收益像"滚雪球"一样越来越多，而劳动报酬由于较低不能进行投资以获取资本收益，劳动报酬相对于资本收益之间的差距就会越来越大，因此，当前在我国促进居民收入的不断增长面临着劳动报酬所占比重较低和劳动报酬增长与经济增长不同步的双重挑战。这既不利于满足人民日益增长的美好生活需求，同时也不利于内需扩大以提高经

① 根据《中国统计年鉴》（2021）数据整理计算所得。

济发展质量和实现经济发展方式转变以及产业结构优化升级。在我国社会逐步迈入老龄化发展阶段,人口红利和劳动力资源优势不断趋于消失,劳动力交易进入卖方市场,只有不断提高劳动报酬才能满足市场对劳动力的需求。无论是满足劳动者的主观要求,还是适应经济发展的客观要求,都要在建立统一开放的劳动力市场以实现劳动力的自由流动和优化配置的前提下,加强政府在提高劳动报酬方面的宏观调控,以实现劳动报酬的快速增长和劳动报酬所占比重的不断提升。

提高劳动报酬要建立健全的劳动力市场。党的十八大报告指出要努力实现"劳动报酬增长和劳动生产率提高同步,提高居民收入在国民收入分配中的比重,提高劳动报酬在初次分配中的比重"[①],党的十九大报告进一步提出要"在劳动生产率提高的同时实现劳动报酬同步提高"[②],提法上从"同步"提高转变为"同时"和"同步"提高,充分彰显了当前提高劳动报酬的重要性和紧迫性。在我国逐渐进入人口老龄化的发展阶段,劳动力资源出现供不应求,并且随着科学技术水平的不断发展,劳动生产率水平处于不断提高的发展状态,劳动报酬长期保持不变或者处于较低水平都不是对市场供求状况和劳动生产率的准确反映。但提高劳动报酬在初次分配中的比重不能依靠行政干预的手段来实现,只有通过完善的市场竞争才能充分反映劳动力供求状况、生产劳动力的成本以及劳动生产率的变化,从而促进全体劳动者的共建共享。社会主义市场经济条件下,提高劳动报酬应着力打破劳动力市场

---

① 中共中央文献研究室:《十八大以来重要文献选编》上,中央文献出版社 2014 年版,第 28 页。

② 习近平:《决胜全面建成小康社会 夺取新时代中国特色社会主义伟大胜利——在中国共产党第十九次全国代表大会上的报告》,人民出版社 2017 年版,第 47 页。

的二元分割,形成统一、自由流动、竞争有序的劳动力市场,在统一的劳动力市场中,工人的工资待遇由市场的自由竞争所决定,准确反映市场中劳动生产率的发展变化、劳动力供求状况、稀缺程度和生产劳动力的成本,劳动生产率提高意味着劳动者在经济发展过程中作出了更大的贡献,因而应获得较高的劳动报酬,劳动力供不应求其价格应提高,供过于求其价格应降低,劳动者因掌握特殊技能而对经济发展作出较大贡献应获得较高的劳动报酬,因物价水平提高、货币贬值等因素的影响,当劳动者的生活成本提高时,劳动者的报酬应随着物价水平的变动而逐步提高,最终在完善的市场竞争机制作用下,劳动力将得以优化配置,劳动报酬将合理反映劳动力市场的发展现状,从而推动劳动者充分发挥其劳动才能以实现生产率水平的提高和劳动报酬的增加,进而实现全民共建共享。

提高劳动报酬要不断完善政府和社会组织对企业职工工资的宏观调节。社会主义初级阶段提高劳动报酬要充分发挥市场的自由竞争,但市场不是万能的,由市场的自由竞争所产生的劳动报酬的提高有时会产生较大的收入差距,这将违背社会主义的本质要求,因此提高劳动报酬,既要在初次分配领域充分发挥市场的自由竞争,也要在再分配领域充分发挥政府的宏观调控。政府对提高劳动报酬的宏观调控主要通过以下几个方面来实现:一是要完善职工工资集体协商制度,相对于资本所有者,单个的劳动者在劳动力市场上处于弱势地位,难以进行工资的公平谈判,工人工资只有在资本所有者和劳动者集体谈判中才能达到对双方都有利的待遇水平,劳动者集体无法直接和企业雇主进行谈判,因而要依靠劳动者的集体组织——工会代表劳动者和企业雇主进行谈判,形成劳动者工资待遇的集体协商机制,从而达到维护劳动者合法权益提高劳动报酬的目的。二是要完善最低工资制度,根据马克思的劳动价值论,工资是由生产劳动力的成本所决定,劳动力成本受物价水平影响,物价水平提高,劳动力成本则随之提高,工人的工资待遇也应不断提高才能满足劳动者生活的需要,但工资的变动受市场本身的弊端和资本对利润追逐的影响,常常滞后于物价水平的变动,同时受供求关系的影响,在劳动力人数供大于求时,雇主将会极力压低劳动者的工资水平,甚至降低到维持工人生存条件以下。在社会主义条件下,实现全体人民的共同富裕是社会主义的本质要求,因此各级政府要根据社会经济发展水平和物价水平制定科学合理的企业工资指导线并进行定期公布,制定劳动者的最低工资标准,不断完善工资的正常增长机制,形成对低收入劳动者的保护功能。各企业单位要严格以最低工资标准为依据制定本单位的工资待遇水平,最低工资标准和工资待遇水平要根据经济发展和物价水平的变动不断进行调整,工人的工资水平要反映劳动生产率的发展变化,使劳动者的劳动报酬增长和经济增长基本保持同步。此外,各级政府在对本地区工人劳动生产率变动情况进行深入考察的同时,制定适应本地区的工资指导线,为本地区各行业工资水平随着劳动生产率水平的变动提供参考依据,从而为实现全民渐进共享提供完善的机制保障。

三、拓宽居民增收渠道以提升共享层次

所有制结构的多元化推动了参与市场的主体日益增多,并且实物交易货币化以及金融市场的日趋繁荣形成了居民收入来源多元化,居民财产性收入水平成为衡量社会富裕程度的重要标志。

近年来财产性收入在居民收入结构中所占的比重不断提高,并且财产性收入的来源途径日益多元化,财产性收入在城乡居民收入结构中所占比重的增长打破了财产性收入为少数人或者组织垄断性地占有的不平等状况,从而有助于不断缩小社会的收入差距。但当前在我国财产性收入的差距仍然较大,其基尼系数要远远大于居民收入的基尼系数,这就形成了社会中居民财产收入的不平等,甚至使一些反映这一现状的带有标签性的词语,如"富二代"等成为流行语。因此,党的十八大报告指出:"多渠道增加居民财产性收入"[①],党的十九大报告更进一步地指出:"拓宽居民劳动收入和财产性收入渠道"[②],要"促进农村一二三产业融合发展,支持和鼓励农民就业创业,拓宽增收渠道"[③],以实现居民增收,缩小收入差距,不断提升全民共享的层次和水平。

第一,规范资产交易市场秩序,丰富居民增收渠道。居民财产性收入的主要来源是利息、租金、股息和红利等,居民财产性收入所占比重较低与我国居民投资渠道单一、投资市场发展不完善密切相关,投资渠道狭窄,并且由于信息不对称、投资市场秩序混乱、投资操作不规范等,投资风险较大。未来拓宽投资渠道,增加居民财产性收入应着重从虚拟投资市场和实体投资市场两方面着手。在虚拟金融投资方面,要完善以债券、股票、理财产品、外汇市场收益、期货等为主要内容的投资渠道,建立以准确反映宏观经济发展

---

① 胡锦涛:《坚定不移沿着中国特色社会主义道路前进　为全面建成小康社会而奋斗——在中国共产党第十八次全国代表大会上的报告》,人民出版社2012年版,第36页。

② 习近平:《决胜全面建成小康社会　夺取新时代中国特色社会主义伟大胜利——在中国共产党第十九次全国代表大会上的报告》,人民出版社2017年版,第47页。

③ 习近平:《决胜全面建成小康社会　夺取新时代中国特色社会主义伟大胜利——在中国共产党第十九次全国代表大会上的报告》,人民出版社2017年版,第32页。

现状的浮动型存贷款利率机制,缩小存贷款之间的利率差,维护银行存款人的合法权益,不断推动金融市场创新,拓宽以网络平台为载体的投融资方式,为中小投资者开辟更为广阔的投资形式和投资渠道,规范金融市场的交易秩序,加强对网络金融平台投融资的规范化管理,降低虚拟金融市场投融资风险,切实维护市场交易主体的合法权益。在实体投资方面,要不断完善实体房屋租赁与企业入股投资,在明晰房屋产权和企业股权归属的基础上,推动房屋租赁市场和企业股权转让市场的完善化,实现依据不同主体的实际需求进行抵押、转让、出租等活动,促进实体资产收益的流动化。同时,要加强对股份制企业经营状况的监管,完善个体分散型股民参与分红的体制机制,切实保护分散的小额股民的合法权益。

第二,放活农村产权制度,释放农民财产性收入红利。我国居民财产性收入所占比重较低,而其中农民的财产性收入更低,远远低于世界上其他发达国家农民的财产性收入,农村耕地和宅基地的主要使用方式是为不同家庭自己经营使用,在规模承包、转让经营、土地入股分红等经营和收益方式上发展仍较为滞后,因而实现农村财产性收入不断增长仍大有空间,这主要依赖于农村产权制度的完善与发展。要不断完善基于农村集体土地所有权、承包权、经营权"三权分离"的土地流转制度,赋予农民更多的经营自主权,党的十八届三中全会作出的《中共中央关于全面深化改革若干重大问题的决定》指出,要允许农民依据流转合同依法进行有偿退出、转让、租赁,对于取得经营权的经营主体,要保护经营主体的各项经营权,允许经营主体按照新型农民和新型农业发展的条件和要求改善农业生产条件,提升土地地力,形成特色产业,并允许其把土地的经营权进行抵押融资,或者作为生产资本与金融资本相结合获取股权收益,盘活农村土地的使用和耕种,使农村集体土地成为农民财产性收入的重要来源,并在不断地盘活开发的条件下形成农村土地的乘数效应,实现农民财产性收入的倍数增加。

第三,积极创造实现农民增收的外部条件,形成实现农民增收的长效机制。农民增收、农村发展离不开外部有利条件的支持,包括培育新型经营主体、完善国家政策支持以及建设有利于实现农村发展的硬件设施。在经营主体方面,鼓励农村的龙头企业、种粮大户、经验丰富的农技人员、回乡大学生等勇于开阔视野,把自身的丰富见识和当地的农业发展实践相结合,探索适合不同地区农村农业发展实际的新型农业发展道路,形成富有特色的农业发展模式,并和市场形成有效对接,实现农村的资源、生产要素等和城市的广阔市场相结合,推动需求和资源在城乡之间的自由流动和优化配置,盘活农村生产开发,实现农民增收。在国家政策方面,农村地区缺乏有利的区位优势并且先天基础条件较差,依靠市场的竞争机制难以吸引先进优势企业到农村地区进行投资开发,因而必须要依靠政府的特殊优惠政策吸引具有竞争优势的企业入驻农村以推动新型农业的发展和新型农民的培育。在促进农村发展的基础设施方面,借助于城镇化和现代化的不断推进,农村地区在完善基础设施的过程中,应着力加快推进交通道路设施、电子物流、交通运输等方面的发展,不断培育对农村土地和资源的有效需求,从而形成资金向农村地区转移的有利竞争条件。

第三节　调节分配结果,实现全民共享

共享发展的主体是全体人民,人民既是共享的主体也是共建的主体。虽然公有制和按劳分配为实现全民共享奠定了所有制基础和分配原则基础,但由于资源的有限性和人的需要的无限性之间的矛盾使分配公平问题成为自私有制产生以来每一个社会形态必须要面临和解决的问题,并且在市场的自由竞争条件下,按照权利、机会、规则平等的要求形成的分配结果仍会产生不平等,这种由市场竞争所形成的初次分配结果不平等我们称为市场竞争机制的结果失灵,在落实共享发展理念的时代背景下将制约实现全民共享。因而要通过完善税收、社会保障、转移支付等再分配手段对分配结果进行调节,以不断缩小不同群体之间的收入差距,从而确保实现全民共享。

一、推进税收制度改革以促进公平共享

税收制度的再分配功能有助于促进实现社会公平正义和全民共享。市场机制条件下的收入分配是在要素市场中进行的,土地得地租、劳动得工资、资本得利润,不同的劳动主体依据所占有的不同生产要素获取收益,但由于劳动者自身劳动能力的大小、占有生产要素的状况各不形同,因而在市场自由竞争过程中形成的收入分配虽然符合效率原则,却造成了个体之间较大的收入差距,从分配结果来看,这不符合社会公平正义和全民共享的内在要求。税收政策作为国家财政政策的重要内容,相对于转移支付来说,税

收政策具有调节对象的广覆盖性,其自身的公正合理与否将对社会实现公平正义和共建共享产生较大影响。但发挥税收制度对社会收入分配的合理调节,缩小收入差距的目的,当且仅当税收制度具有累进性时才能实现,也即税收对收入调节的税率随着收入的增加而增加,对低收入者少征税,对高收入者多征税。

我国现行税收结构在调节收入差距、实现社会公平正义方面仍有较大的局限性,直接税调节作用有限,间接税具有累退性。我国的税收制度按照税收负担主体是否可以转移把税收分为直接税和间接税两种,"其中直接税的征收对象是居民和企业,即我国的个人所得税和企业所得税。间接税是对销售商品和提供劳务征税,如营业税、消费税和增值税等"①。现阶段,个人所得税不断进行调整和完善,但其对收入差距的调节作用仍有较大的发展空间。企业所得税对收入差距的调节作用一直备受争议,因为企业可以通过调整商品价格来实现税收的转移,对税负的承担由企业主体转化为消费者主体。间接税在我国税收结构中所占比重较大,但以增值税为代表的间接税由于税收负担主体不明确,经常被转移到消费者身上,并且低收入者具有较高的边际消费倾向,因而间接税不是具有累进性质,而是具有累退性质。此外,由于低收入者所承担的税款占比较大,因而间接税只能作为政府筹款的来源,并不能对收入差距起到有效的调节。

推进税收结构改革,发挥税收调节收入分配的社会功能。国内外已有的学术研究成果表明,直接税具有较强的调节收入分配、缩小收入差距的功能,特别是个人所得税,但在我国现行的税收结

---

① 刘伟等:《中国收入分配差距:现状、原因和对策研究》,《中国人民大学学报》2018 年第5 期。

构中,直接税所占比重较低,2020 年个人所得税占比较低,仅为 6.3%,企业所得税占比 19.9%,所得税总占比为 26.2%,而间接税占比则较高,增值税占比 31%,消费税占比 6.6%[①],但间接税对收入分配的调节功能较弱,因此,为了发挥直接税,特别是个人所得税对收入差距的调节作用,应不断调整税制设置,着力形成调节高收入的税制结构,在完善税收征管模式、不断调整税基和税率的基础上,着力提高直接税在我国税收结构中的比重,利用个人所得税的累进功能不断缩小居民之间的收入差距,同时降低间接税在居民税收结构中所占的比重,合并重复征税,调整税率结构,切实降低企业税收负担。此外,当前在居民收入结构中,财产性收入的占比越来越大,而遗产和房地产是影响居民财产性收入的两大重要因素,因此应在推动立法和完善相关法律法规的基础上,探索开征遗产税和房产税,利用税收的调节作用缩小居民收入差距,防止贫富的代际转移和社会阶层的固化。

完善个人所得税的功能保障,促进实现全民共建共享。个人所得税是调节分配结果、缩小贫富差距的重要手段,这一作用的发挥建立在不断完善个人所得税的基础之上。2018 年,第十三届全国人民代表大会常务委员会第五次会议修订的《中华人民共和国个人所得税法》对已实行的个人所得税制度进行了修订,进一步完善了其分配功能。依据个人收入水平的不同,个人所得税设置了基本费用扣除以形成对个人收入的合理调节,基本费用扣除把一部分低收入者排除在纳税范围之内,有助于减轻低收入者的纳税负担,缩小与其他人的收入差距。2018 年《中华人民共和国个

---

① 国家统计局编:《中国统计年鉴》(2021),中国统计出版社 2021 年版,第 13 页。

人所得税法》"将基本费用扣除标准提高到了 5000 元,从该法实施首月的情况来看,6000 多万税改前的纳税人不用再继续缴纳个人所得税,减税效果还是很显著的"①。但基本费用扣除标准的设置要建立在科学论证的基础之上,并且应随着经济社会的发展不断进行调整,实现个税起征点与社会平均工资水平保持同步增长,形成个税的年度动态调节以起到调节收入分配的作用。同时,基本费用扣除的使用要和其他的手段相结合,比如,基本费用扣除标准的调整还需要与税率结构的合理设置相配合,这样才能更好地发挥个税调节收入分配的作用。此外,依据收入主体个人情况的不同,个人所得税发挥对收入分配的调节作用还要考虑到收入主体的个体特殊情况,2018 年《中华人民共和国个人所得税法》设置了专项扣除,增加抚养子女、赡养老人、住房贷款等费用扣除项目,这一扣除项目有效地克服了之前个人所得税基于个人收入水平的单向调节的局限性,使调节的结果更加符合个体的现实生活状况与实际生活需求,具有更强的相对公平性。但是专项扣除虽然考虑到个体情况的差异,而实际上个体情况的差异和复杂程度远不止税法中所列的这些项目,并且每一个条目在不同个人身上所呈现的复杂程度也有极大的差异,因而个人所得税的专项扣除仍需要进一步地完善和发展,以实现更加公平合理的分配结果。

二、完善社会保障制度以推动持续共享

1601 年英国颁布了第一个关于济贫的法律文件《伊丽莎白济

---

① 何锦前:《个人所得税法分配功能的二元结构》,《华东政法大学学报》2019 年第 1 期。

贫法》，这部法律被称为世界上最早的社会保障法，之后，根据济贫法在全社会实施的效果和当时工人运动在各国的发展情况，英国政府对原有的法律进行了修订，形成了《新济贫法》，这为现代社会保障制度的建立奠定了基础。第一次工业革命之后，生产社会化程度不断提高，家庭保障功能不断弱化，并且工人阶级队伍不断壮大，日益要求改善工作和生活条件，19 世纪，在综合因素的作用下，社会保障制度率先在德国建立起来，此后，一些欧洲国家纷纷建立社会保障制度。随着我国经济社会的不断发展，社会保障制度在我国也逐步发展起来。

我国社会保障制度发展不完善不均衡制约实现全民共享和持续共享。自党的十六大确立建立社会保障制度的目标以来，我国对如何建立和建立什么样水平的社会保障制度进行了不断的探索和完善，虽然我国社会保障制度建设取得了一定的成就，社会保障的种类日益丰富和多元化，但目前我国社会保障制度既存在发展不平衡的问题，也存在发展不充分的问题。在发展不平衡方面，具体表现为城乡之间、区域之间的社会保障制度发展不平衡，农村社会保障制度发展较慢并且保障水平较低，与城市和其他发达国家的社会保障水平存在较大的差距，而区域之间的社会保障发展水平则与区域经济发展水平和资源分布密切相关，经济发展水平较高、资源较为丰富的东部长三角、珠三角等地区社会保障制度较为完善，保障水平较高，中西部地区的经济发展水平较低，因而社会保障的水平也较低。在发展不充分方面，具体表现为我国社会保障制度还存在覆盖范围小、保障标准低、保障支出不充分、社会保障公共服务体系发展滞后等问题。虽然目前我国社会保障制度不断扩大覆盖面，2020 年我国基本医疗保险覆盖人群达 13.61311 亿人,养老保险覆盖人群达 9.98649 亿人①,但尚未达到完全覆盖,特别是在城市新兴行业出现的灵活就业人员,尚未进入社会保障的覆盖范围。此外,我国社会保障支出逐渐增加,但其占 GDP 的比重不高,城乡最低生活保障标准虽然达到了世界银行的贫困线标准,但与发达国家仍存在有一定的差距,在当前的贫困标准下,困难群众难以充分实现共享经济发展成果,并且在较低的社会保障制度建设投入标准下,当前我国社会保障制度服务体系的规范化、系统化、信息化、专业化建设受到了限制,从而影响了社会保障制度服务质量和效率的提升。因此,落实共享发展理念,促进实现分配公平,要加快推进社会保障制度的完善与发展,不断提升全体社会成员的生活水平,推动实现全民共享和持续共享。

建立健全完善的社会保障制度有助于促进持续共享。当前在我国存在较大的收入差距,缩小收入差距既要完善分配制度,规范分配秩序,也要通过再分配手段使已经形成的收入差距不断趋于缩小,初次分配是在分配起点上对收入分配进行调节,其关注和调节的是未来的收入分配状况,而社会保障制度则是在已经形成的收入分配状况的基础上,对既有的收入差距进行调节,因而是一种事后调节,起到收入再分配的作用。完善的社会保障制度有助于保证低收入者维持正常生活,不断缩小收入差距,提高居民收入水平,实现社会稳定和持续共享。相对于对过程的调节来说,对分配结果的调节更具有直接明显的效果,国内外已有的研究成果表明,成熟完备的社会保障制度将会使全体社会成员普遍受益,生活水平得到提高,不太成熟的社会保障制度将会使低收入者的收入和

---

① 国家统计局编:《中国统计年鉴》(2021),中国统计出版社 2021 年版,第 11 页。

生活水平得到提高，对社会整体的收入差距的调节将因情况而定。目前，欧盟国家已经形成了比较完备的社会保障制度，其完备的社会保障制度对社会收入差距具有较强的逆向调节作用，能够实现全体社会成员生活水平的普遍提高。在落实共享发展理念和坚持以人民为中心的时代背景下，促进社会生产力的发展，既要关注经济发展效率，同时要更加关注社会公平，完善的社会保障制度有助于形成对初次分配结果的有效调节，缩小收入差距，提高社会低收入者的生活水平，实现全体人民持续共享发展成果。

第一，完善社会保障制度要提升统筹层次，实现制度整合。目前我国社会保障制度呈现出条块分割的特点，不同种类、适应不同人群的社会保障制度在制度模式、融资方式、统筹层次、待遇确定等方面存在不同，养老保险和医疗保险制度在制度模式、融资方式上存在较大的不同。在我国养老保险制度根据适应对象和融资方式的不同具体分为机关事业单位基本养老保险制度、企业职工基本养老保险制度、城乡居民社会养老保险制度。医疗保险制度根据适用对象的不同划分为城镇职工基本医疗保险制度、城镇居民基本医疗保险制度、新型农村合作医疗等，这些不同的养老保险制度和医疗保险制度受我国城乡二元分割和劳动力市场二元分割的历史现状影响呈现出条块分割的发展现状，各自形成独立的运营模式，彼此之间很难形成有效衔接与合理转化的科学机制，导致不同种类的养老保险和医疗保险从一种制度模式转向另一种制度模式只能通过从现有的制度中退出之后，重新加入新的制度模式，这两种制度模式之间并不存在必然的接续关系。同时，当前在我国除了企业职工养老保险实现了省级统筹之外，其他的保障制度只达到了市县统筹的层次，这一方面不利于养老保险制度形成较强的抗风险能力,也不利于劳动力的自由流动和配置,因此要着力提升社会保障制度的统筹层次,推动实现制度整合。要着力提升不同种类保障制度的统筹层次,根据不同种类社会保障制度的特点和发展程度,推动实现不同程度的社会统筹,在完善企业职工养老保险制度省级统筹的基础上逐步推动实现全国统筹,其他种类的养老保险和医疗保险在完善市县统筹的基础上逐步推动实现省级统筹。要着力实现适应不同种类保障制度之间的深度整合,在城镇化和现代化加速推进的社会背景下,城乡二元对立的社会保障制度要逐步打破分割状态,搭建不同种类社会保障制度之间相互转化平台和机制,在有条件的地区加快实现部分种类社会保障制度在城乡统筹层面的相互转化,并不断推动实现区域和全国统筹层面的相互转化。

第二,完善社会保障制度要扩大覆盖面,形成全员参与。社会保障的覆盖广度和深度是衡量社会保障制度发展完善程度的重要标准。我国社会保障制度努力做到覆盖全体社会成员,但近年来信息化和现代化的不断发展催生了诸多新兴产业,与此相适应,一批与新兴产业和新的生活方式相关的从业人员应运而生,如快递员、外卖员、网络从业人员等,这批数量庞大的从业人员多为外来务工人员。一方面,由于远离户籍所在地,在享有与户籍制度相联系的农村居民医疗保险等方面存在诸多不便;另一方面,由于其收入水平低、工作稳定性差等问题,这一社会群体忽视对社会保险的缴纳,因而社会保险往往不能覆盖这些群体,使这些群体在遇到意外风险时生活将会受到较大的影响。完善的社会保障制度具有调节社会收入分配实现全体人民共建共享的重要作用,当前落实共享发展理念,推动实现分配公平,要在扩大社会保障制度覆盖面的同时发挥其促进全民共建共享的社会效用。一要增强全体人民参与社会保障的意识，既要引导全体人民积极响应和落实国家各级各类惠及民生的社会保障制度和政策，同时要对当前实行于我国的各类社会保障制度加以监督，比如对城乡低保制度、各类优抚和抚恤政策的落实进行有效监督，以避免影响政策的落实效果达不到对低收入群体的救助目的。二要不断完善和创新已有的各类社会保险制度，在推动各类社会保险统筹层次不断提高的基础上，努力实现商业保险与基本医疗保险和养老保险的有机结合，把商业保险作为我国保险体系的重要补充，以实现各类社会保险能够全员覆盖，降低居民的生活风险与成本。三要着力引入社会力量参与社会保障制度的构建，社会生产力的不断发展使人民对美好生活的需求进入了更高的层次和水平，社会保障内容呈现出多元化、多样化的特点，并且我国社会正在进入老龄化的发展阶段，仅靠政府和个人难以满足人民对社会保障的需求，因此要充分调动社会力量参与开展以社区为单位，以互帮互助为特色，以扶老、助残、爱幼、济困为重点的慈善事业和社会志愿服务工作，形成全社会互帮互助的良好氛围。

第三，完善社会保障制度要健全政府财政投入机制，缩小地区差距。我国社会保障制度当前采用的是政府和个人相结合的出资模式，这种出资模式既可以达到实现社会公平的目的，同时又可以促进社会效率的不断提高。但现阶段我国社会保障制度发展呈现出不均衡的特点，城乡和区域之间在保障标准、制度模式等方面存在较大差异，不同种类的社会保障制度普遍存在严重的城乡和地区分割，在工业化较为发达的地区，社会保障制度较为发达，工业化不发达的地区，社会保障制度发展则较为滞后，这根源于经济发

达地区政府的财政和居民的收入水平的差异。相对于中西部地区
和农村地区来说,东部地区和城市地区经济较为发达,地方政府财
政和居民收入水平都较高,因而社会保障制度相对较为完善和成
熟,中西部地区和农村地区则相反,这将使社会保障制度促进社会
公平作用的发挥受到抑制,因此当前不断完善社会保障制度,推动
实现全体人民共建共享,需要发挥国家财政投入机制对构建公平
正义的社会保障制度的有效调节。一方面,在国家财政提高社会
保障领域支出的同时,利用财政转移支付手段加大对经济发展较
为落后地区社会保障制度各个不同部分的投入力度,并且根据不
同区域的发展实际和居民需求的特点,采取专项转移支付和一般
转移支付相结合的方式,切实发挥政府财政对完善社会保障制度
的作用,缩小政府财政在社会保障领域投入力度的区域差异,补齐
我国社会保障制度的短板;另一方面,在加大财政投入力度的同时
要适度引导商业保险作为社会保障制度的重要补充在我国的发
展,特别是在经济不发达地区的发展,引导商业保险设计出适应经
济不发达地区发展水平与人民生活特点和需要的保险门类,共同
保障人民生活水平的不断改善。

三、实施精准扶贫以实现均衡共享

改革开放四十多年来,我国实施了大规模的扶贫开发工作,全
国居民收入得到了普遍提高,农村居民收入增长更快,生活水平得
到不断改善,贫困人口大幅下降,党的十八大以来,充分动员全党
全国全社会的力量,以精准扶贫、精准脱贫为理念指引,脱贫攻坚
取得了显著成效,实现了决定性胜利,并且中国的脱贫扶贫工作为
全球减贫事业作出了巨大的贡献,2018 年世界银行发布的《中国

系统性国别诊断》报告称"中国在快速经济增长和减少贫困方面取得了'史无前例的成就'"①。按照 2010 年标准,1978 年年末我国农村贫困发生率约为 97.5%,2020 年我国贫困人口实现了全部脱贫。② 这在一定程度上为实现社会全体人民脱贫致富、均衡共享提供了有利的条件保障。

1. 实施精准扶贫有助于促进全民共享

精准扶贫有助于促进实现社会公平正义。公平正义是社会主义本质内容的重要体现,当前我国社会结构呈现"土"字型的社会结构,低收入群体在社会中占比较大,尚未形成"中间大、两头小"的"橄榄"型社会结构,在我国的收入分配格局中,初次分配和再分配领域采取的调节措施大多是对社会整体的调节,即使是针对某一些群体的调节,这些群体也具有显著的标识性。但受我国地域广阔、自然地理条件差异明显、区域发展不均衡、个体自身条件等因素的影响,处于贫困阶层的人口致贫的原因各有差异,能够帮助其摆脱贫困的条件也各不相同,并且在贫困的长期累积下,侧重于宏观调节的收入分配政策并不能对贫困人口产生显著的影响。只有实施精准扶贫才能准确分析不同地区、不同群体致贫的原因,进而采取个性化、差异化的扶贫措施帮助其摆脱贫困,从而实现其自身的全面发展和能力的不断提升,增强其参与市场自由竞争的能力,并在积极参与社会主义经济建设过程中共享经济发展成果,从而缩小不同社会成员之间的发展差距,促进社会公平正义和均

---

① 张翼:《改革开放 40 年:我国农村贫困人口减少 7.4 亿人》,《光明日报》2018 年 9 月 4 日。

② 国家统计局编:《中国统计年鉴》(2021),中国统计出版社 2021 年版,第 15 页。

衡共享,进而实现社会贫困人口的真正脱贫。

实施精准扶贫有助于提高资源利用效率。扶贫开发工作是我国民生工作的重要组成部分,实施扶贫开发既符合社会主义本质的内在要求,也有助于提高资源利用效率。推动资源分配向贫困群体和贫困人口倾斜有助于实现资源利用效率的最大化,从而不断推动实现全民共享。西方经济学的边际效用递减规律认为对某一商品的消费数量增多,其效用将会降低,根据这一原理,社会资源的分配在富有阶层的集中分布将会导致社会资源整体效用的递减,而资源在社会各阶层的均衡分布将会实现资源利用效用的最大化。在我国资源分布不均衡的情况下,资源分配向贫困人口的倾斜将有助于增加社会整体效用。同时由于缺乏科学的工作机制和工作方法,我国过去的扶贫工作是以简单粗放的"输血式"进行,结果形成了贫困地区"等、靠、要"的不良现象,脱贫攻坚并没有充分发挥扶贫资源的效用、实现贫困人口的真正脱贫,反而使一部分贫困地区和贫困人口在贫困中越陷越深。2013 年 11 月习近平总书记在湖南省花垣县湘西十八洞村考察时作出了"实事求是、因地制宜、分类指导、精准扶贫"的指示,精准扶贫是对传统扶贫方式的提升与改进,不同于以往的粗放扶贫,精准扶贫是以对扶贫对象精准识别、精准帮扶、精准管理、精准考核的方式进行治贫,这种精准对接有助于实现扶贫资源的有效配置,不断缩小区域之间和居民之间的发展差距,推动实现全民共享。

2. 建立脱贫攻坚的长效机制,推动落实均衡共享

持续创新扶贫方式,推动扶贫资源的优化配置。资源有效配置既可以通过政府配置来实现,也可以通过市场的自由竞争来配

置,政府配置资源注重社会公平,市场配置资源注重提高效率。在扶贫资源的配置中,政府配置方式是占主导地位的配置方式,同时社会力量参与扶贫开发是重要的补充力量,社会力量的来源多元化为扶贫开发提供了更加多元的社会资源,民营企业凭借资金、技术、管理、市场等方面的先进经验,通过村企共建、资源开发、产业培育等方式和农村地区丰富的劳动力资源、土地资源、原料资源等相结合,实现企业和农户的精准对接,既帮助农户开拓市场资源,提升管理技术,契合了农户的内在需求,同时也提升了企业在农村地区的影响力和知名度。此外,当前在我国个体的力量在参与广大贫困地区的扶贫开发过程中显得捉襟见肘,难以取得成效,因此要凝聚全社会丰富的人力和物力,着力打造扶贫公益品牌,吸引更多的人力、物力资源投入精准扶贫的过程中,形成参与扶贫开发的长效机制和持久动力。

持续丰富扶贫内容,提高贫困地区公共服务水平。贫困地区经济不发达导致公共服务水平普遍较低,制约实现全社会均衡共享,创新扶贫方式调动各方力量参与扶贫要不断丰富扶贫内容。一是着力推动产业扶贫,立足各地发展实际和发展特色,不断推动产业结构的完善和优化,在微观层面要对产业发展进行规制以实现促进民生改善的目的,在宏观层面要对不同的产业政策进行系统整合,构建符合地方发展特色的产业链,形成扶贫开发的长效机制,在长远发展层面要做好产业发展规划,形成扶贫开发阶段性和渐进性的统一。二是持续拓宽扶贫的资金来源,合理规划扶贫资金的使用,地方政府应通过采取一定的税收和政策优惠吸引外地企业为贫困地区注入资金,同时要鼓励贫困地区的中小企业增强与金融机构的合作,推动构建完善的扶贫小额贷款体系。三是不断加强贫困地区基础设施建设,一个地区基础设施的完善程度与经济发展水平紧密相连,基础设施发展不完善将会制约地区经济发展,因此扶贫工作要做的基础性工作是要完善贫困地区的基础设施,着力改善贫困地区的道路交通、水电网络等与经济社会发展密切相关的基础设施。四是不断提升贫困地区的公共服务水平和能力,在知识经济时代,扶贫与扶智紧密相连,提升贫困地区的服务水平既需要不断完善贫困地区的公共服务供给,也需要构建提供公共服务的人才队伍。就人才队伍建设来说,在加大教育投资力度的同时吸引更多优秀的教师到贫困地区工作和任教,推动当地教育质量和水平的不断提升,同时要鼓励扶贫人才到贫困地区任职锻炼,增强对贫困地区发展现状的认知和了解以切实提高扶贫工作实效和针对性,此外,要注重就地取"才",积极从当地扶贫干部队伍中培养具有发展潜力的储备人才,为其提供学习和锻炼的平台,使其能够快速成长为科学有效开展扶贫工作的中坚力量,从而在多方力量的配合下,借助于国家在扶贫工作上的政策和资金支持,共同促进贫困地区公共服务供给的不断增加,促进实现全民共享。

完善精准扶贫的考核评价机制,不断巩固脱贫成果。完善监督考核机制要以建立清晰明确的评价标准体系为前提,在"入口"方面要设定科学的贫困评价标准,细化测定贫困的指标体系,依据指标体系对贫困人口的贫困状况进行综合测定,根据测定结果确定帮扶对象,排除人情因素对评定结果的干预。与科学的进入机制相对应,要建立科学的退出机制,在"出口"方面要严格执行贫困的最低标准,及时让具备脱贫条件的救助对象退出救助范围,避免出现受救助的对象因长期享受国家扶贫政策,其生活水平高于其他未受救助的对象,只有形成动态进出的合理机制才能确保通过实施精准扶贫以实现社会公平和资源合理配置的目的。同时,扶贫工作是一个动态的反复变化的过程,在短期内很难对扶贫的成效作出科学的评估,因而对扶贫干部的考核评价不能以单纯的脱贫人口总数和居民收入水平等单一的经济指标为依据,而要坚持过程评价和结果评价相统一、经济指标和社会影响相结合的评价方法,既要以脱贫人数和经济增长情况作为参考依据,更要注重社会、专家学者和个体多方力量对扶贫方式和机制的科学性作出的合理评定,引入第三方力量参与精准扶贫的评价体系。既要注重经济效益,更要注重社会影响;既要注重结果公平,更要注重程序正义。从而切实提高扶贫工作实效和针对性,推动实现全民均衡共享。

参 考 文 献

经典文献

[1]《邓小平思想年编:1975—1997》,中央文献出版社 2011年版。

[2]《邓小平年谱:1975—1997》(上、下),中央文献出版社 2004 年版。

[3]《邓小平文选》第一至三卷,人民出版社 1993 年版、1994年版。

[4]《胡锦涛文选》第一至三卷,人民出版社 2016 年版。

[5]《江泽民文选》第一至三卷,人民出版社 2006 年版。

[6]《列宁选集》第 1—4 卷,人民出版社 2012 年版。

[7]《马克思恩格斯选集》第 1—4 卷,人民出版社 2012 年版。

[8]《马克思恩格斯文集》第 1—10 卷,人民出版社 2009年版。

[9]《马克思恩格斯全集》第 25 卷,人民出版社 1974 年版。

[10]《马克思恩格斯全集》第 43 卷,人民出版社 2016 年版。

[11]《欧文选集》第 1—3 卷,商务印书馆 1979 年版、1981 年

版、1984 年版。

[12]《圣西门选集》第 1—3 卷,商务印书馆 2011 年版。

[13]《斯大林选集》上、下卷,人民出版社 1979 年版。

[14]《斯大林全集》第 13 卷,人民出版社 1956 年版。

[15]《习近平谈治国理政》第一至二卷,外文出版社 2018 年版、2017 年版。

[16]《习近平新时代中国特色社会主义思想三十讲》,学习出版社 2018 年版。

[17]《习近平总书记系列重要讲话读本(2016 年版)》,人民出版社 2016 年版。

[18]中共中央文献研究室:《十二大以来重要文献选编》上、中、下,人民出版社 1986 年版、1988 年版。

[19]中共中央文献研究室:《十三大以来重要文献选编》上、中、下,人民出版社 1991 年版、1993 年版。

[20]中共中央文献研究室:《十五大以来重要文献选编》上、中、下,人民出版社 2000 年版、2001 年版、2003 年版。

[21]中共中央文献研究室:《十六大以来重要文献选编》上、中、下,中央文献出版社 2005 年版、2006 年版、2008 年版。

[22]中共中央文献研究室:《十七大以来重要文献选编》上、中、下,中央文献出版社 2009 年版、2011 年版、2013 年版。

[23]中共中央文献研究室:《十八大以来重要文献选编》上、中、下,中央文献出版社 2014 年版、2016 年版、2019 年版。

[24]中共中央文献研究室:《建国以来重要文献选编》(第九册),中央文献出版社 1994 年版。

其他文献

[1][印]阿马蒂亚·森:《以自由看待发展》,任赜、于真译,中国人民大学出版社 2012 年版。

[2][美]埃尔斯特:《理解马克思》,何怀远等译,中国人民大学出版社 2008 年版。

[3][英]边沁:《道德与立法原理导论》,时殷弘译,商务印书馆 2000 年版。

[4][美]保罗·萨缪尔森、威廉·诺德豪斯:《经济学:第 19 版》(典藏版),萧琛主译,商务印书馆 2014 年版。

[5]程恩富、杨承训、徐则荣、张建刚:《中国特色社会主义经济制度研究》,经济科学出版社 2013 年版。

[6]程味秋:《联合国人权公约和刑事司法文献汇编》,中国法制出版社 2000 年版。

[7]程恩富:《马克思主义政治经济学基础理论研究》,北京师范大学出版社 2017 年版。

[8]蔡昉等:《中国收入分配问题研究》,中国社会科学出版社 2016 年版。

[9]陈毅:《对分配正义的论争及相关理论的逻辑起点》,《中南大学学报(社会科学版)》2012 年第 6 期。

[10]陈曙光:《"人本神话":资本主义人本价值观的前提批判》,《马克思主义研究》2010 年第 12 期。

[11]陈享光:《建立效率优先、兼顾公平的双层收入分配制度》,《教学与研究》1999 年第 1 期。

[12]陈学明:《从马克思的现代性批判理论看中国道路的合理性》,《马克思主义与现实》2018 年第 6 期。

［13］陈飞:《马克思对资本主义分配正义的四重批判》,《马克思主义研究》2016 年第 4 期。

［14］董振华:《共享发展理念的马克思主义世界观方法论探析》,《哲学研究》2016 年第 6 期。

［15］董正平:《对公平与效率问题的回顾与思考》,《当代经济研究》1998 年第 5 期。

［16］段忠桥:《马克思的分配正义观念》,中国人民大学出版社 2018 年版。

［17］段忠桥:《马克思正义观的三个根本性问题》,《马克思主义与现实》2013 年第 5 期。

［18］段忠桥:《也谈分配正义、平等和应得》,《吉林大学社会科学学报》2013 年第 4 期。

［19］邸乘光:《论习近平新时代中国特色社会主义经济思想》,《新疆师范大学学报(哲学社会科学版)》2019 年第 1 期。

［20］［美］大卫·哈维:《资本社会的 17 个矛盾》,许瑞宋译,中信出版社 2016 年版。

［21］范迎春:《共享发展:马克思社会学说的当代表达》,《河南社会科学》2017 年第 6 期。

［22］顾海良:《马克思主义经典作家关于政治经济学一般原理的基本观点研究》,人民出版社 2017 年版。

［23］顾海良、张雷声:《马克思劳动价值论的历史与现实》,人民出版社 2002 年版。

［24］顾钰民:《改善民生与收入分配》,《高校理论战线》2012 年第 9 期。

［25］高尚全:《中国的经济体制改革》,人民出版社 1991

年版。

[26]高景柱:《在平等与责任之间——罗纳德·德沃金平等理论批判》,人民出版社 2011 年版。

[27]高建昆、程恩富:《建立现代化经济体系,实现高质量发展》,《学术研究》2018 年第 12 期。

[28]郭湛:《社会公共性研究》,人民出版社 2009 年版。

[29]郭建、申莎莎:《实现共享发展的四个层次》,《思想理论教育导刊》2016 年第 8 期。

[30]郭台辉、王康:《概念比较:正义、公平、公正——政治哲学史的考察》,《天津行政学院学报》2013 年第 9 期。

[31]葛四友:《正义与运气》,中国社会科学出版社 2007 年版。

[32]谷书堂、蔡继明:《按贡献分配是社会主义初级阶段的分配原则》,《经济学家》1989 年第 2 期。

[33]龚群:《德沃金对罗尔斯分配正义理论的批评与发展》,《湖北大学学报(哲学社会科学版)》2014 年第 5 期。

[34][英]亨利·西季威克:《伦理学方法》,廖申白译,中国社会科学出版社 1993 年版。

[35][英]哈耶克:《自由秩序原理》,邓正来译,生活·读书·新知三联书店 1997 年版。

[36][德]海德格尔:《海德格尔选集》下,孙周兴选编,上海三联书店 1996 年版。

[37]洪银兴:《中国特色社会主义政治经济学的创新发展》,济南出版社 2017 年版。

[38]胡莹、郑礼肖:《十八大以来我国收入分配制度改革的新

经验与新成就》,《马克思主义研究》2018 年第 2 期。

[39]何毅亭:《以习近平同志为核心的党中央治国理政新理念新思想新战略》,人民出版社 2017 年版。

[40]何影、韩致宁:《基于联动思维的共享发展理念与实现机制》,《行政论坛》2017 年第 6 期。

[41]何锦前:《个人所得税法分配功能的二元结构》,《华东政法大学学报》2019 年第 1 期。

[42]何建华:《马克思与罗尔斯的公平正义观:比较及启示》,《伦理学研究》2011 年第 5 期。

[43]郝亿春:《柏拉图—亚里士多德的"双重正义"思想及其当代意义》,《哲学动态》2017 年第 5 期。

[44]郝云:《对西方政治经济学分配正义逻辑的批判》,《哲学动态》2015 年第 5 期。

[45]侯为民:《立足完善基本经济制度实现共享发展》,《思想理论教育导刊》2016 年第 3 期。

[46]韩喜平:《整体把握共享发展理念的四个向度》,《社会科学家》2016 年第 12 期。

[47]韩喜平、孙贺:《共享发展理念的民生价值》,《红旗文稿》2016 年第 2 期。

[48]韩英丽:《共享发展对马克思主义公平理论的继承与超越》,《人民论坛》2017 年第 16 期。

[49]贾可卿:《分配正义论纲》,人民出版社 2010 年版。

[50]贾可卿:《共同富裕与分配正义》,人民出版社 2018 年版。

[51]江畅:《西方德性思想史·古代卷》,人民出版社 2018

年版。

[52]江畅:《西方德性思想史:现代卷》(上、下),人民出版社2018年版。

[53]蒋茜:《论共享发展的重大意义、科学内涵和实现途径》,《求实》2016年第10期。

[54][美]凯恩斯:《就业、利息和货币通论》,宋韵声译,华夏出版社2013年版。

[55][美]罗伯特·诺奇克:《无政府、国家和乌托邦》,姚大志译,中国社会科学出版社2008年版。

[56][美]罗纳德·德沃金:《至上的美德:平等的理论与实践》,冯克利译,江苏人民出版社2008年版。

[57]罗骞:《论马克思的现代性批判及其当代意义》,人民出版社2007年版。

[58]罗会德:《新时代以人民为中心发展思想的形成逻辑》,《东南学术》2019年第1期。

[59]罗克全、王洋洋:《共享发展对劳动异化的现实超越》,《江淮论坛》2019年第2期。

[60]罗骞、滕藤:《资本现代性的辩证逻辑》,《广东社会科学》2018年第3期。

[61][法]卢梭:《论人与人之间不平等的起因与基础》,李平沤译,商务印书馆2015年版。

[62][法]卢梭:《社会契约论》,李平沤译,商务印书馆2017年版。

[63]吕健:《共享发展的社会主义政治经济学》,复旦大学出版社2016年版。

［64］陆寒：《历史唯物主义视域中的政治正义》，人民出版社2017年版。

［65］李佃来：《马克思的政治哲学：理论与现实》，人民出版社2015年版。

［66］李佃来：《政治哲学视域中的马克思》，人民出版社2018年版。

［67］李佃来：《历史唯物主义与马克思正义观的三个转向》，《南京大学学报》2015年第5期。

［68］李佃来：《马克思正义思想的三重意蕴》，《中国社会科学》2014年第3期。

［69］李惠斌、李义天：《马克思与正义理论》，中国人民大学出版社2010年版。

［70］李淑梅：《政治哲学的批判与重建：马克思早期著作研究》，人民出版社2014年版。

［71］李丽：《文化困境及其超越》，人民出版社2013年版。

［72］李实、万海远：《中国收入分配演变40年》，格致出版社、上海人民出版社2018年版。

［73］李实、赵人伟：《中国居民收入分配再研究》，《经济研究》1999年第4期。

［74］李实：《中国收入分配格局的变化与改革》，《北京工商大学学报（社会科学版）》2015年第4期。

［75］李文：《新自由主义破产是时代发展的必然》，《经济日报》2017年4月14日。

［76］劳动和社会保障部劳动工资研究所课题组：《深化劳动价值和分配理论认识》，《经济日报》2002年3月18日。

[77]刘斌:《民生视域下共享发展理念研究》,人民出版社2019年版。

[78]刘国光:《中国特色社会主义政治经济学的若干问题》,济南出版社2017年版。

[79]刘洋:《超越"群享"与"私享":马克思的共享思想及其当代价值》,《教学与研究》2017年第7期。

[80]刘建武:《习近平共享发展思想的历史由来与重大意义》,《马克思主义研究》2018年第3期。

[81]刘伟:《中国改革大趋势》,人民出版社2018年版。

[82]刘伟等:《中国收入分配差距:现状、原因和对策研究》,《中国人民大学学报》2018年第5期。

[83]刘武根、艾四林:《论共享发展理念》,《思想理论教育导刊》2016年第1期。

[84]刘敬鲁:《论分配正义的结构整体标准》,《中国人民大学学报》2017年第3期。

[85]柳礼泉、汤素娥:《论共享发展理念的丰富内涵和实现理路》,《思想理论教育导刊》2016年第8期。

[86]林幼平、张澍:《20世纪90年代以来中国收入分配问题研究综述》,《经济评论》2001年第4期。

[87]林进平:《马克思的"正义"解读》,社会科学文献出版社2009年版。

[88]林进平:《对分配正义的批判:马克思与哈耶克》,《华南师范大学学报(社会科学版)》2004年第6期。

[89][英]马歇尔:《经济学原理:珍藏版》,廉运杰译,华夏出版社2012年版。

[90][美]麦金泰尔:《德性之后》,龚群等译,中国社会科学出版社 1995 年版。

[91][美]迈克尔·沃尔泽:《正义诸领域:为多元主义与平等一辩》,褚松燕译,译林出版社 2009 年版。

[92]苗瑞丹、代俊远:《共享发展的理论内涵与实践路径探究》,《思想教育研究》2017 年第 3 期。

[93][法]蒲鲁东:《什么是所有权》,孙署冰译,商务印书馆1963 年版。

[94][英]庇古:《福利经济学》,朱泱、张胜纪、吴良健译,商务印书馆 2006 年版。

[95][英]彼罗·斯拉法主编:《大卫·李嘉图全集》第 1 卷,郭大力、王亚南译,商务印书馆 2017 年版。

[96][法]皮凯蒂:《21 世纪资本论》,巴曙松等译,中信出版社 2014 年版。

[97]裴长洪等:《中国基本分配制度》,中国社会科学出版社2016 年版。

[98]逄锦聚:《关于价值论、劳动价值论与分配理论的一些思考》,《南开经济研究》2001 年第 5 期。

[99]逄锦聚:《论劳动价值论与生产要素按贡献参与分配》,《南开学报(哲学社会科学版)》2004 年第 5 期。

[100]权衡:《中国收入分配改革 40 年:经验、理论与展望》,上海交通大学出版社 2018 年版。

[101]权衡:《收入分配与社会公平》,上海人民出版社 2014年版。

[102]齐艳红:《需要原则主导还是应得原则主导》,《马克思

主义与现实》2017 年第 4 期。

［103］邵彦敏:《共享发展理念》,吉林大学出版社 2017 年版。

［104］上海市劳动局办公室资料组:《建国以来按劳分配论文选》上、下册,上海人民出版社 1978 年版。

［105］三联书店编辑部编:《关于按劳分配问题——经济学界1977 年三次讨论会发言汇编》,生活·读书·新知三联书店 1978 年版。

［106］孙迎联:《收入分配机制:共享发展视野下的理论新思》,《理论与改革》2016 年第 5 期。

［107］［英］托马斯·莫尔:《乌托邦》第 2 版,商务印书馆1982 年版。

［108］卫兴华:《中国特色社会主义政治经济学研究》,济南出版社 2017 年版。

［109］卫兴华:《我国现阶段收入分配制度若干问题辨析》,《宏观经济研究》2003 年第 12 期。

［110］卫兴华:《中国特色社会主义政治经济学的分配理论创新》,《毛泽东邓小平理论研究》2017 年第 7 期。

［111］卫兴华、张福军:《应重视十七大关于效率与公平关系的新观点》,《高校理论战线》2008 年第 5 期。

［112］万海远、李实、孟凡强等:《中国税收制度的收入分配效应》,社会科学文献出版社 2018 年版。

［113］王新生:《马克思政治哲学研究》,科学出版社 2018 年版。

［114］王新生:《当代中国马克思主义正义理论的建构》,《中国人民大学学报》2012 年第 1 期。

［115］王时中:《从"生产"到"规范":马克思主义政治哲学的前提批判》,中国社会科学出版社 2018 年版。

［116］王梦奎:《社会主义初级阶段的经济》,人民出版社 1988 年版。

［117］王小鲁:《国民收入分配战略》,学习出版社、海南出版社 2013 年版。

［118］王立:《正义:在权利和平等之间——论德沃金的正义理论》,《学习与探索》2014 年第 8 期。

［119］王立:《论应得的基础》,《中国人民大学学报》2017 年第 2 期。

［120］王立:《应得的类型》,《世界哲学》2017 年第 4 期。

［121］王瑾:《共享发展:让群众有更多的获得感》,《当代世界与社会主义》2016 年第 2 期。

［122］《吴易风文集》(第二卷),中国人民大学出版社 2015 年版。

［123］吴宣恭:《所有制理论与社会主义政治经济学创新》,济南出版社 2017 年版。

［124］魏杰、林亚琳:《建立公有制商品经济体制》,东方出版社 1992 年版。

［125］[加]威尔·金里卡:《当代政治哲学》,刘莘译,上海译文出版社 2015 年版。

［126］向玉乔:《分配正义》,中国社会科学出版社 2014 年版。

［127］[英]休谟:《人性论》下册,关文运译,商务印书馆 1980 年版。

［128］徐斌:《共享:实现公正的当代形式》,《马克思主义理论

学科研究》2018 年第 1 期。

[129]熊晓琳、任瑞姣:《人类命运共同体的共享之维》,《学校党建与思想教育》2018 年第 14 期。

[130]熊晓琳、任瑞姣:《以共享发展理念引领我国收入分配制度改革》,《思想理论教育导刊》2019 年第 1 期。

[131]习近平:《在庆祝改革开放 40 周年大会上的讲话》,《人民日报》2018 年 12 月 19 日。

[132]《现代汉语词典》第 5 版,商务印书馆 2005 年版。

[133][古希腊]亚里士多德:《尼各马可伦理学》,廖申白译,商务印书馆 2003 年版。

[134][古希腊]亚里士多德:《政治学》,吴寿彭译,商务印书馆 1965 年版。

[135][英]亚当·斯密:《国富论》,郭大力、王亚南译,商务印书馆 2015 年版。

[136][英]亚当·斯密:《道德情操论》,蒋自强等译,商务印书馆 1997 年版。

[137][美]约翰·贝茨·克拉克:《财富的分配》,王翼龙译,华夏出版社 2013 年版。

[138][美]约翰·罗尔斯:《正义论》,何怀宏、何包钢、廖申白译,中国社会科学出版社 2009 年版。

[139][英]约翰·布雷:《对劳动的迫害及其救治方案》,袁贤能译,商务印书馆 1959 年版。

[140][英]约翰·穆勒:《功利主义》,徐大建译,商务印书馆 2014 年版。

[141]于光远:《政治经济学社会主义部分探索》(二),人民

出版社 1981 年版。

[142]于昆:《共享发展研究》,高等教育出版社 2017 年版。

[143]余金成:《按劳分配及其在马克思主义发展史上的四次解读》,《理论学刊》2016 年第 3 期。

[144]姚开建、杨玉生:《古典政治经济学的产生》,《新编经济思想史》第 2 卷,经济科学出版社 2013 年版。

[145]颜鹏飞、陈银娥:《从李嘉图到边际革命时期经济思想的发展》,《新编经济思想史》第 3 卷,经济科学出版社 2013 年版。

[146]叶敏:《人民需要的主观性变迁与执政党的能力建设指向——对改革开放以来人民需要变迁与执政逻辑的一个注解》,《社会主义研究》2018 年第 6 期。

[147]姚大志:《正义的张力:马克思和罗尔斯之比较》,《文史哲》2009 年第 4 期。

[148]姚大志:《分配正义的原则:平等、需要和应得——以沃尔策为例》,《社会科学研究》2014 年第 2 期。

[149]杨宏伟、张倩:《共享发展是新时代深化分配制度改革的目标指向》,《东北大学学报(社会科学版)》2018 年第 11 期。

[150]杨承训、李怡静:《共享发展:消除两极分化,实现共同富裕》,《思想理论教育导刊》2016 年第 3 期。

[151]张雷声:《马克思恩格斯经济思想的形成及在世纪之交的发展》,《新编经济思想史》第 4 卷,经济科学出版社 2013 年版。

[152]张雷声:《从效率与公平统一的视角理解社会主义本质》,《学术界》2005 年第 4 期。

[153]张雷声:《论资本逻辑》,《新视野》2015 年第 2 期。

[154]张兆民:《马克思分配正义思想研究》,中国社会科学出

版社 2016 年版。

[155]张启华、张树军:《中国共产党思想理论发展史》(下卷),人民出版社 2011 年版。

[156]张有奎:《形而上学之后:马克思的实践哲学思想及其流变》,人民出版社 2013 年版。

[157]张占斌、张青:《完善我国分配制度研究》,国家行政学院出版社 2018 年版。

[158]张宇:《中国特色社会主义政治经济学》,中国人民大学出版社 2018 年版。

[159]张宇:《"效率优先、兼顾公平"的提法需要调整》,《经济学动态》2005 年第 12 期。

[160]张国清:《作为共享的正义——兼论中国社会发展的不平衡问题》,《浙江学刊》2018 年第 1 期。

[161]张海星、谷成:《振兴东北老工业基地与财税政策的选择》,《税务研究》2004 年第 6 期。

[162]张梦旭:《贫富差距加大折射美国治理困境》,《人民日报》2018 年 6 月 7 日。

[163]张翼:《改革开放 40 年:我国农村贫困人口减少 7.4 亿人》,《光明日报》2018 年 9 月 4 日。

[164]朱春晖:《马克思分配正义理论的承传与创新研究》,人民出版社 2016 年版。

[165]左鹏:《共享发展的理论蕴涵和实践指向》,《思想理论教育导刊》2016 年第 1 期。

[166]邹升平:《从马克思劳动异化学说到共享发展理念》,《经济纵横》2018 年第 7 期。

[167] 赵汇、代贤萍:《共享发展的理论基础、实践追求和价值旨归》,《思想教育研究》2016 年第 11 期。

[168] 国家统计局编:《中国统计年鉴》(2017),中国统计出版社 2017 年版。

[169] 国家统计局编:《中国统计年鉴》(2021),中国统计出版社 2021 年版。

[170] 中国政治经济学社会主义部分研究会学术组:《关于按劳分配问题——全国第五次按劳分配理论讨论会论文选编》,人民出版社 1984 年版。

外文文献

[1] Allen E.Buchanan, *Marx and Justice: The Radical Critique of Liberalism*, London: Methuen, 1982.

[2] Allen Wood, "The Marxian Critique of Justice", *Philosophy and Public Affairs*, Vol.1, No.3, 1972.

[3] Allen Wood, "Marx on Right and Justice: A Reply to Husami", *Philosophy and Public Affairs*, Vol.8, No.3, 1979.

[4] Derek Allen, "Marx and Engels on the Distributive Justice of Capitalism", *Canadian Journal of Philosophy*, Supplementary, Vol.7, 1981.

[5] George Brenkert, "Freedom and Private Property in Marx", *Philosophy and Public Affairs*, Vol.8, No.2, 1979.

[6] John Rawls, *A Theory of Justice*, Cambridge, Mass.: Harvard University Press, 1999.

[7] John Rawls, *Political Liberalism*, New York: Columbia

University Press, 1996.

[8] John Rawls, *Erin Kelly Justice as Fairness—A Restatement*, Cambridge, Mass.: Belknap Press, 2001.

[9] Marcus G. Singer, *Essays on Ethics and Method*, Oxford University Press, 2000.

[10] Norman Geras, "The Controversy about Marx and Justice", *New Left Review*, No.150, March/April 1985.

[11] Robert C., Tucker, *The Marxian Revolution Idea*, New York: W.W.Norton & Company, 1969.

[12] Richard J. Arneson, "Equality and Equal Opportunity for Welfare", *Philosophical Studies*, Vol.56, 1989.

[13] Ziyad Husami, "Marx on Distributive Justice", *Philosophy and Public Affairs*, Vol.8, No.1, 1978.

策划编辑：郑海燕
责任编辑：李甜甜
封面设计：吴燕妮
责任校对：周晓东

图书在版编目（CIP）数据

共享发展理念视域下的分配公平研究/任瑞姣 著. —北京：人民出版社，
　2022.8
ISBN 978－7－01－024968－1

Ⅰ.①共…　Ⅱ.①任…　Ⅲ.①收入分配-公平分配-研究-中国
　Ⅳ.①F124.7

中国版本图书馆 CIP 数据核字（2022）第 137817 号

共享发展理念视域下的分配公平研究
GONGXIANG FAZHAN LINIAN SHIYU XIA DE FENPEI GONGPING YANJIU

任瑞姣　著

人民出版社 出版发行
（100706　北京市东城区隆福寺街 99 号）

北京九州迅驰传媒文化有限公司印刷　新华书店经销

2022 年 8 月第 1 版　2022 年 8 月北京第 1 次印刷
开本：710 毫米×1000 毫米 1/16　印张：13.75
字数：151 千字

ISBN 978－7－01－024968－1　定价：70.00 元

邮购地址 100706　北京市东城区隆福寺街 99 号
人民东方图书销售中心　电话（010）65250042　65289539